# 三国志で楽しく学ぶ中国語

## 初級編

渡邉義浩
仙石知子 著
横山光輝 画

潮出版社

# はじめに

本テキストは、初めて中国語を学ぶ人のために編纂しました。

中国語を学ぶ理由は、いくつもあるでしょう。本書は、中国の三世紀を舞台とする歴史小説『三国志演義』をきっかけに、中国語を学ぼうとする方に最も適しています。もちろん、三国志を知らない方のために、物語の概要を冒頭につけ、場面の説明を課ごとに加えてあります。

『三国志演義』は、江戸時代に湖南文山により、『通俗三国志』として翻訳されました。そのときの底本は、明で流通していた『李卓吾先生批評三国志』でした。吉川英治の『三国志』は、『通俗三国志』を種本として書かれ、横山光輝の漫画『三国志』は、吉川『三国志』をもとにしながらも、現在、中国で『三国志演義』の通行本となっている毛宗崗批評『三国志演義』の翻訳も参照しながら書かれたものです。清の毛宗崗批評『三国志演義』は、明治時代に久保天随により訳されたものが、最古の日本語訳です。

日本人は、古くから「三国志」を通じて、中国語の理解に努めてきたのです。もちろん、初めて中国語を学ぶ人が、『三国志演義』をそのまま読める訳はありません。本書は、初級中国語を学習できる文章を読んでいきます。それでも、「三国志」の場面を想像して、中国語の学習が進むように、横山光輝の『三国志』の有名な場面を掲げながら、赤壁の戦いを中心に物語を描いてみました。一緒に中国語を楽しく学んでいきましょう。

この本は、横山光輝先生ご担当の編集者として、『三国志』や『水滸伝』『鉄人28号』などの編集にあたった岡谷信明さんに編集していただきました。記して感謝いたします。

2021年春

**渡邉義浩・仙石知子**

# 目次

本書の「赤壁前史」・各課・「三国鼎立」冒頭に添付されているQRコードをスマートフォンやタブレット端末で読み取ると、学習に役立つ動画や音声がご利用いただけます（本文の🎧マーク部分は音声有り）。

動画や音声はインターネットでもご利用いただけます。
動画・音声URL＝https://bit.ly/3uTnU3H

※動画や音声を再生の際は、Wi-Fiのある環境でご利用になることを推奨します

# 登場人物紹介

## 劉備

りゅうび

幽州涿郡涿県の人、字は玄徳。前漢景帝の子、中山靖王劉勝の末裔と称す。身丈七尺五寸、膝に届くほど手が長く、振り返ると自分で見られるほど耳が大きかった。若くして父を失い、母に仕えて蓆を売って生業とした。盧植に師事するが学問を好まず、任侠の徒と交友した。黄巾の乱に関羽・張飛と共に義兵を挙げて以来、袁紹や劉表ら群雄の客将になって諸国を流浪した。やがて、諸葛亮ら名士を迎えて勢力を安定させると、亮の草廬対（天下三分の計）に従って荊州・益州を得て、三国鼎立の形勢を築いた。曹丕が漢より禅譲を受け魏を建国すると、それを認めず、漢を継承して自ら皇帝に即位した。しかし、関羽と荊州を失った報復のため孫呉に侵攻して大敗、失意のうちに崩殂する。享年六十三歳。諡して昭烈帝という。横山『三国志』では、桃園結義を陰から見守る母と共に記憶される親孝行な聖人君子である。漢のために泣く姿が諸葛亮を出仕させ、最後は関羽・張飛のために戦って生涯を終える。

## 関羽

かんう

司隷河東郡解県の人、字は雲長。挙兵時から劉備に随い、寝床を共にし兄弟同然の恩愛を受けた。徐州の陥落時、劉備の二夫人を守って曹操に降り、官渡の戦いで、袁紹配下の顔良を討ち取った。曹操は関羽を厚遇したが、関羽は劉備の恩を忘れず、曹操を辞して劉備のもとに還る。曹操はその「義」を称えてあえて追わなかった。のち劉備が益州を得ると荊州の留守を委ねられる。しかし、剛情で矜持が高く、呉との同盟を維持できず、また名士と和合せずに裏切られ、曹操と孫権の挟撃を受け、麦城で敗れ処刑された。死後、唐から宋にかけて神格化が進み、清代には、文の聖人孔子と並ぶ武の聖人となった。国家からは武神、山西商人からは財神として信仰された関帝（関聖帝君、神としての関羽の名）は、横浜・長崎・神戸・函館に関帝廟があるように、現在でも東アジアで広く信仰される。横山『三国志』は関羽を絶対視せず、中国の『三国志演義』のように神としての関羽を描くことはない。

## 張飛
ちょうひ

涿郡の人。字は翼徳(正史では益徳)。関羽と共に挙兵時から劉備に随い、程昱に「一万人に匹敵する」と言われた豪傑。長坂坡の戦いでは、わずかな手勢で殿を務め、「わたしが張益徳である。死を賭して戦おうぞ」と大喝したので、曹操軍は近づけなかったと正史に記される。劉備が即位すると車騎将軍・司隷校尉に登った。しかし、名士には遜り、庶民には苛烈な対応を取り、関羽の仇討ちに出陣する直前、部下に暗殺された。物語では、丈八蛇矛の使い手で、劉備に随って大活躍する一方で、酒好きで豪放磊落な性格のため、留守を任された徐州を呂布に奪われるなどの失態も犯す。ゆえに劉備・関羽以上に愛され、張飛を主役とする場面も多い。横山『三国志』では、劉備が母のために買ったお茶を奪い返し、劉備の宝刀をもらい、劉備が母から漢室の末裔であることを知らされる契機をつくっている。

## 諸葛亮
しょかつりょう

徐州琅邪国陽都県の人、字は孔明。戦乱を避け荊州に移住し、司馬徽ら襄陽名士から儒教(荊州学)を学び、臥龍と評された。のち、劉表の客将であった劉備に三顧の礼で迎えられ、漢室復興の基本戦略として草廬対(天下三分の計)を示す。諸葛亮の参入により、劉備の率いる傭兵集団は、「水魚の交わり」に象徴されるような名士を尊重する政権へと変わっていく。赤壁の戦いでは、孫権を説得して同盟を結び、曹操軍を撃退した。劉備が帝位に即くと、丞相となって国政を掌握する。劉備の臨終に後事を託され、「劉禅に才がなければ、君が自ら取るべし」と告げられた。劉禅に出師の表を奉ると、漢(蜀漢)による中国統一のため、魏へ北伐を繰り返す。しかし、北伐は進まず、二三四年に五丈原の陣中に没した。享年五十四歳。横山『三国志』は、道術を用いて風を呼ぶといった『三国志演義』の魔術的な要素を描かず、人の叡智により天候を予測したとし、また、その最期を悲劇的に描く。

## 趙雲
ちょううん

冀州常山国の人、字は子竜。はじめ公孫瓚に仕え、やがて劉備に仕えた。長坂坡で劉備が敗れた際には、逃げ遅れた甘夫人と阿斗(劉禅)を助け、漢中の戦いでは、曹操の大軍を城門を開けて迎え撃ち、劉備から「一身みな肝」と称賛された。また、身丈八尺、立派な顔立ちであり、劉備と同じ床で眠るほど信頼されたという。劉備が即位した後、関羽の仇討ちである呉への東征に反対する。劉備崩御の後は、諸葛亮の南征・北伐に従軍し、齢七十ながらも、なお衰えない武勇で敵味方を驚嘆させた。第二次北伐の直前に病没する。横山『三国志』では、長坂坡の戦いで青釭の剣を得、単騎で敵陣を突破していく様子が活写される。

## 龐統
ほうとう

襄陽郡の人、字は士元。若いころから樸鈍であったが、龐徳公と司馬徽は、諸葛亮と並べて「鳳雛」と高く評価した。荊州を治めた劉備に仕え、益州平定の参謀として従軍する。劉備に蜀を取る戦略として、「すぐに成都へ攻め込む、涪水関を取る、荊州に戻る」の三策を献じて挙兵させた。第二策を採用した劉備が、涪水関を守る楊懐・高沛を討ち取って祝宴を行った際に、「他人の国を征伐して喜ぶのは仁者の兵ではない」と窘めた。しかし、益州の平定を見ることはなく、雒城攻撃中に流矢により戦死した。横山『三国志』では、赤壁の戦いで「連環の計」により曹操の船団を一つに繋げ、周瑜の火計を援護したことが印象深い。

## 曹操
そうそう

豫州沛国譙県の人、字は孟徳。前漢の功臣曹参の末裔で、宦官の祖父曹騰の財力と人脈を利用して台頭する。若いころ許劭に「治世の能臣、乱世の姦雄」と評された。献帝を推戴したことで荀彧ら名士の支持を集め、勢力を拡大した。官渡の戦いで袁紹を破って華北を統一し、丞相に就く。だが、赤壁で大敗して、天下統一には失敗。その後は魏公、魏王となり、漢魏革命を進め、魏の創建を息子の曹丕に托し、二二〇年に六十六歳で薨去した。諡号は武帝。書・音楽・囲碁など多分野に卓越し、とくに文人として「建安文学」を興し、また『孫子』は現在も曹操の注釈で読まれる。『三国志』を著した陳寿は、曹操を「超世の傑」と評している。横山『三国志』は、若く革新的な将校で、有能な人物を愛し、文武に精通する英雄とする。「三国志」を曹操と諸葛亮の二大英雄の物語とする吉川英治の『三国志』の設定を継承して普及させ、日本における曹操像を決定づけたのは、横山『三国志』の功績である。

## 曹洪
そうこう

曹操の従弟、字は子廉。曹操の挙兵時から従い、曹操が徐栄に大敗した際には、自分の馬を差し出し、命がけで曹操の窮地を救った。張邈・呂布の討伐で功を重ね、官渡の戦いでは曹操に代わって本営を守った。曹操から曹叡（明帝）まで三代に仕えた宗室の元勲である。だがその一方で、曹操を凌ぐほどの資産を蓄え、財貨に賤しかったので、曹丕（文帝）に処刑されかけたこともある。横山『三国志』でも、滎陽の戦いや潼関の戦いなど曹操を救う活躍が多いが、短気ゆえの失敗も多く描かれている。

## 程昱
ていいく

兗州東郡の人、字は仲徳。呂布が曹操の本拠である兗州で反乱を起こしたとき、郷里の豪族の支持を受けて拠点を死守し、曹操の統治安定に大きく貢献した。曹操幕下の重要な幕僚である一方で、性格が剛直なため、周囲と対立することも多く、ついに三公（宰相）に登ることはなかった。横山『三国志』では、荀彧や郭嘉とともに兗州牧のころの曹操に仕え、倉亭の戦いで「十面埋伏の計」を用いて袁紹を大破する。さらに、劉備軍に参入した単福（徐庶）の正体を見抜き、その母親を利用して徐庶を騙し、帰服させている。

## 蔣幹
しょうかん

揚州九江郡の人で、字は子翼。曹操の招聘を受けて出仕した。赤壁の戦いにおいて、旧友周瑜を曹操に降伏させるために訪れたが、その思惑を周瑜に見抜かれて、何も申し出ることなく去った。横山『三国志』では、周瑜に曹操に仕えることを説こうとするが、うまく行かず、逆に偽の手紙をつかまされる。その結果、曹操は自らの水軍総督である蔡瑁を誤って誅殺する。のち名誉挽回のため再び周瑜の陣に赴くが、今度は龐統の「連環の計」に利用され、ことごとく赤壁の戦いの敗因を作った。

## 孫権
そんけん

揚州呉郡富春県の人、字は仲謀。孫呉の初代皇帝。頬張った顎に大きな口、紫髯という風貌の持ち主である。父孫堅と兄孫策を引き継いで江東に割拠した。武力で江東を抑えた兄の路線を変更して内治に努め、張昭・周瑜ら名士層を中心に置き、兄が対立した陸遜ら江東人士とも融和して政権を安定させた。赤壁の戦いで劉備と結んで曹操を退けて以降、曹・劉の間をうまく立ち回りながら、揚州・荊州・交州に勢力を拡大し、自ら帝位に即いた。しかし、張昭ら重臣が死去した政権後期になると、君主権力の伸張を図り、後継者争いの二宮事件を引き起こすなど国力を衰退させ、七十一歳で薨去した。諡号は大皇帝。横山『三国志』では、主人公の蜀と敵役の魏に挟まれ、道化役にされがちな呉の中で、一代の英雄と描かれる。さらに、晩年の暴政には触れられないため、さわやかな青年君主の印象が残る。

## 周瑜
しゅうゆ

揚州廬江郡の人、字は公瑾。三公を二代輩出した名家で、漢室復興を掲げて台頭する孫家と結ぶ。とくに孫策とは、ともに橋氏の姉妹である大橋と小橋(物語では大喬と小喬)を娶り、「断金の交わり」という兄弟同然の関係を結んだ。孫策の死後は孫権に仕え、政権の中心を担い、赤壁の戦いで曹操を撃退した。劉備に警戒心を抱き、独力で長江以南を手中にして曹操と天下を争う構想を持っていたが、その矢先に三十六歳で病死した。容貌が美しく、音楽にも深く通じ、程普から「周公瑾と交わることは芳醇な酒を飲むかのようだ」と評された。横山『三国志』では、「美周郎」として美しく描かれるが、諸葛亮の引き立て役とされて出し抜かれ続ける。最期は、後任に魯粛を推薦する遺書をしたためると、「天はこの周瑜を地上に生まれさせながら何故孔明まで生まれさせたのだ」と言って絶命する。

## 魯粛
ろしゅく

徐州臨淮郡の人、字は子敬。富貴な家の出身で、その財を惜しみなく名士との交友に用い、周瑜に評価されて名士となる。周瑜の推挙で孫権に仕え、漢室復興の非現実性を語り、江東に割拠して皇帝に即くべきと革新的な見解を披露して、孫権を驚愕させる。赤壁の戦いでは、周瑜とともに抗戦を主張した。赤壁の戦いで勝利した後には、諸葛亮のそれが三分を手段とすることに対して、三分による天下の安定を目的とする自らの「天下三分の計」に基づき、曹操に対抗するため、劉備の勢力拡大を支援した。周瑜の死後に後任となるが、まもなく死去した。のちに孫権は即位すると、魯粛の先見性を称えたという。横山『三国志』では、周瑜と諸葛亮の間で右往左往するお人好しさが表情に現れ、「三国志」物語の舞台まわしとしての役柄を見事に演じている。

## 黄蓋
こうがい

荊州零陵郡の人、字は公覆。孫堅に挙兵以来仕え、山越や武陵蛮など異民族の平定に功績があった。法に厳格でありながら、弱者をいたわる政治を行い、山越も心服した。容貌は厳しく剛毅で、士卒はみな先を争って戦ったという。赤壁の戦いでは火計を進言し、自ら曹操へ偽って降伏することで火計を敢行し、曹操軍を大敗させた。横山『三国志』では、あえて自ら刑罰を受けて相手を欺く「苦肉の計」が描かれ、闞沢を使者として内通を曹操に信用させている。

## 序

# 赤壁前史

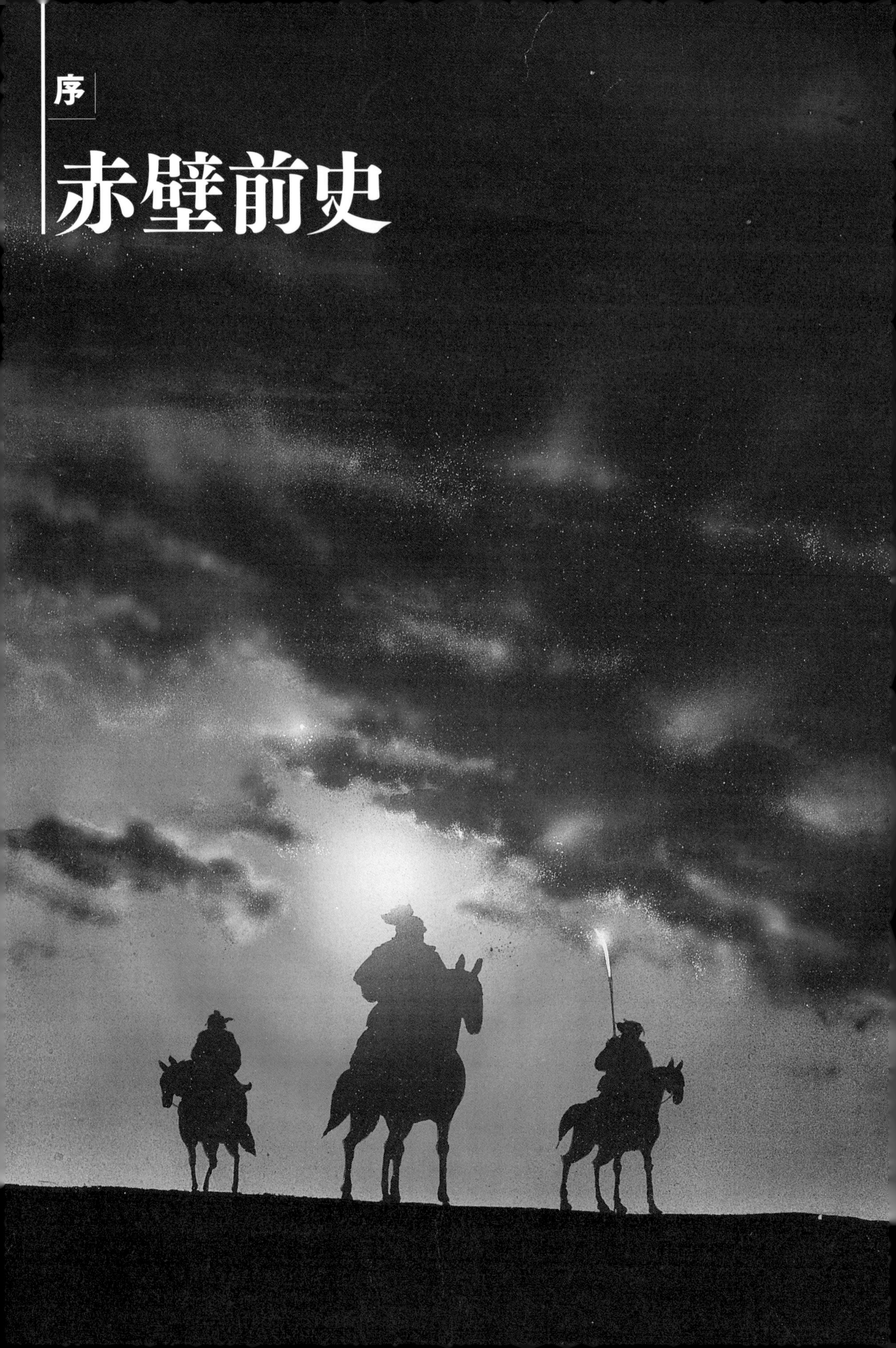

## 1 桃園結義

そもそも天下の大勢は、分裂が長ければ必ず統一され、統一が長ければ必ず分裂する。この歴史観の提示から三国志演義は始まる。四百年の漢の統一を分裂に向かわせたものは、豪族の成長と、外戚・宦官であった。

我ら天に誓う
我ら生まれた
日は違えども
死す時は
同じ日同じ時を
願わん
それは
義兄弟の誓いを
する盃でもあり
主従の誓いを
する盃でも
あった
人はこれを
桃園の誓いと
呼んだ

国家が外戚や宦官により私物化されれば、真っ先に農民の暮らしが苦しくなる。そこにお札と聖水で病気を治したのが、張角の太平道である。彼らが一八四年に起こした農民反乱をそのシンボルから黄巾の乱という。演義は、それに対して立ち上がった三人の男たちが桃園で義を結ぶ場面から、物語を開始する。

黄巾の乱平定のための義勇兵を募集する高札を見てため息をついていると、後ろから「国に力も尽くさず、何を嘆息するか」と声を掛ける者がある。振り向くと、張飛が立っていた。高札を見ていた男は劉備、中山靖王劉勝の末裔ながら、蓆を織り草鞋を売り暮らしていた。思いを同じくする二人が酒を酌み交わしていると、九尺の大男が入ってくる。関羽である。郷里の豪族が無法を働くのに堪りかね、豪族を斬って亡命したという。

三人は張飛の家の後ろの桃園で天地神明を祭り、兄弟の契りを結んだ。「われら劉備・関羽・張飛は、姓は異なるとはいえ、ここに兄弟の契りを結んだ以上、力を合わせ心を一つにし、苦しきを救い、危うきを助け、上は国に報い、下は民を安んぜん。同年同月同日に生まれなかったことは是非ないとしても、同年同月同日に死なんことを願う」。

三人は、義兵を挙げ、劉備の師の盧植のもとに駆けつけた。劉備は、活躍した。しかし、長らく恩賞の沙汰はなく、やっと得た地位も安喜の県尉に過ぎなかった。その地位すら、督郵という小役人に賄賂を渡さなければ守れない。張飛は督郵を鞭打った。劉備は、官を辞め、捲土重来を期す。演義の聴衆は喝采したであろう。三兄弟は、豪族に虐げられる側の出身なのである。聴衆は自らの代弁者として、三兄弟を愛したのである。

## 2 洛陽炎上

黄巾の乱を平定しても、後漢は復興しなかった。宦官と外戚の対立が続いていたからである。外戚の何進は、宦官の誅滅を目指し、強力な軍隊を地方から洛陽に呼び寄せようとする。先手を打った宦官は、何進を宮中で殺害した。何進と共に計画を練っていた袁紹は、軍を率いて宦官を皆殺しにするが、少帝は宦官に連れられ都を出て彷徨った。

そこに、涼州より董卓が到着する。董卓は、洛陽に乗り込んで権勢を手にすると、少帝を廃して、陳留王を立て、その功績により全権を掌握しようとした。ひとり荊州刺史の丁原が堂々と反対した。翌日、丁原は養子の呂布の活躍に

より、董卓を破った。

董卓は、名馬「赤兎馬」と莫大な金銀宝玉を呂布に贈った。利に釣られた呂布は、丁原を殺して、その首を手土産に董卓の養子となった。呂布を手に入れた董卓は、再び皇帝の廃立を唱える。今度は、袁紹が反対した。袁紹は四代にわたって三公(後漢の最高行政官である太尉・司徒・司空)を輩出し、「四世三公」と讃えられた名門の出身である。袁紹と董卓は互いに刀を抜いてにらみ合った。やがて袁紹は、冀州へ立ち去った。

反対する者をすべて排除した董卓は、少帝を廃し、九歳の献帝を立てた。廃帝を殺害し、相国の位に就くと、暴虐の限りを尽くした。

司徒の王允は、誕生日と称して古くからの漢の臣下を集め、明日をも知れぬ漢の命運を思って泣いた。みなも泣くなか、一人大笑いをする者がいた。曹操である。「董卓を泣き殺すことができますかな」。王允がなじると、曹操は王允から宝刀を譲り受けて、董卓を刺し殺す計略を披露する。

しかし、曹操は、董卓の暗殺に失敗して逃走した。郷里に帰ると、偽りの詔書を各地に送って、董卓誅滅の義兵を募った。袁紹をはじめとする十七鎮の諸侯が呼びかけに応じ、袁紹を盟主に立てた。先鋒の孫堅は、洛陽の東の汜水関を攻め、董卓の武将の華雄と戦った。しかし、孫堅が功名を挙げることを恐れた袁術は兵糧を送らず、孫堅は敗退する。華雄は袁紹の本陣に迫り、何人もの大将を討ち取った。そうしたなか、劉備の義弟の関羽は戦いを志願し、曹操から注がれた酒がまだ熱いうちに華雄を斬った。

あわてた董卓は、呂布を率いて虎牢関に自ら赴き、呂布が縦横無尽に暴れ回った。それを止めた者は張飛である。関羽も劉備も張飛に加勢し、回り灯籠のように力を合わせ戦ったが、呂布を倒せなかった。董卓は、守備に向かない洛陽を棄て、長安に遷都する。建ち並ぶ宮殿を焼き払い、その略奪は墓陵にまで及び、洛陽は廃墟と化した。時に初平元(一九〇)年、献帝が即位してわずか半年で、洛陽は灰塵に帰し、漢は事実上滅亡した。

## 3 群雄割拠

董卓が去ると連合軍は、孫堅を先頭に洛陽に乗り込んだ。曹操は董卓追撃を主張したが、諸侯の関心は、領地の獲得にあった。ひとり追撃した曹操は大敗する。孫堅は、秦の始皇帝以来、代々の皇帝が受け継いできた「伝国の玉璽」を井戸から発見した。これがあれば皇帝になれると病気を理由に帰国を図る孫堅。しかし、密告により袁紹は、すでにそれを知っていた。孫堅は天を指して誓った。「もし、わたしがそれをひそかに隠し持っていたなら、いずれ将来、まっとうな死に方ができず、刀や矢のもとで死ぬことになりましょう」。孫堅は途中、袁紹の命を受けた劉表に妨げられながらも呉に戻った。

袁紹は、諸侯軍の分裂を見て、軍勢を率いて洛陽を離れた。河内に駐屯したが、軍糧は乏しい。このとき冀州牧の韓馥が軍糧を届けてくれた。韓馥は、袁氏の故吏(もとの部下)なのである。四世三公の家柄である袁氏には全国に故吏がおり、袁氏を支えてくれる者も多かった。これが袁紹と袁術の力の源泉であった。

袁紹の謀士の逢紀は、冀州の乗っ取りを図る。「ひそかに使者を派遣して、公孫瓚に冀州を攻めさせれば、韓馥は将軍に冀州を引き受けて欲しいと要請するでしょう」。公孫瓚は、冀州の折半という条件に喜び、兵を出した。

韓馥の部下である荀諶(荀彧の弟)は、袁紹と共に冀州を治めることを勧める。袁紹は軍勢を率いて冀州に入ると、冀州の行政権をすべて掌握し、韓馥は家族を棄てて身ひとつで張邈のもとに逃れた。おさまらないのは利用された公孫瓚である。全軍を挙げて冀州に侵入したが、大敗した。袁紹の武将の文醜に突き殺されそうになった公孫瓚を救った者が趙雲である。袁紹には民を救う心がないと思い、公孫瓚に身を寄せようとしていたという。翌日の戦いでも、公孫瓚は趙雲に救われたが、それでも危機に陥ったとき、山のかげから鬨の声を挙げて現れたのは、劉備軍であった。袁紹との戦いを知り、平原から加勢に来たのである。袁紹が引き上げた後、趙雲と初めてあった劉備は、敬愛の念を抱き、離れがたく思った。

南方では、孫堅が帰国の妨害をした劉表を攻撃していた。黄祖が守っていた樊城を抜き、襄陽に攻め寄せて蔡瑁を破り、襄陽城を包囲した。劉表は呂公に命じて、袁紹に救援を求める一方、峴山に伏兵を潜ませて追撃する軍勢を防がせた。呂公が東門から出ると、それに気づいた孫堅は、急いで馬に乗り、諸将にも知らせず、三十騎あまりを率いて追撃した。峴山まで追ったところ、山上から大石が落とされ、孫堅は命を落とした。わずか三十七歳であった。

## 4 美女連環の計

反董卓連合軍が分裂すると、董卓の横暴な振る舞いは増すばかりであった。かつて曹操に宝剣を渡して董卓の暗殺を謀った王允は、「美女連環の計」を用いて、董卓の打倒を目指す。

董卓と呂布がともに好色漢であることに目を

着けた王允は、歌姫の貂蟬を使い、二人の仲を割く。王允はまず呂布を屋敷に招き、貂蟬の魅力の虜になった呂布に、側女として嫁がせると約束して喜ばせる。数日後、今度は董卓を招いて、貂蟬が気にいった董卓に、侍女として献上すると言って、直ちに送り届けた。それを耳にした呂布は、王允のもとに駆けつけ、約束違反をなじる。王允は、董卓が自分の手で貂蟬を呂布に嫁入りさせると連れ帰ったと言いくるめた。

翌日、呂布はさっそく董卓のもとに赴くと、董卓は貂蟬と一緒にやすんでいた。驚いた呂布が奥に忍び込むと、それを見つけた貂蟬は、悲しみに堪えない風情で呂布の心をかき乱す。董卓は貂蟬の色香に迷い、一ヵ月も政務を見ようとしない。呂布が見舞いに奥に入ると、董卓が寝ていたので、貂蟬は床の後ろから半身を乗り出して自分の胸を指し、ついで董卓を指して、涙をはらはらと流す。呂布の心は、張り裂けんばかりである。

病気の治った董卓が、政務を取っている隙に、呂布は馬を飛ばして貂蟬に遇いに来た。貂蟬は泣きながら呂布に訴えかける。「わたくしは将軍を当代随一の英雄だと思いました。それがなんと他人の指図を受けていらっしゃるとは思いませんでしたわ」。呂布は恥ずかしさで顔を真っ赤にした。

董卓は呂布がいないことに気づき、急いで戻ってくると、裏庭で呂布と貂蟬が語り合っている。董卓は怒って矛を投げつけると、呂布は逃げた。謀臣の李儒は、貂蟬を呂布に与えるよう説得した。董卓は、貂蟬に泣かれてそれをやめた。「われらはみな、女の手に死ぬのか」。李儒は天を仰いだ。

王允に誘われた呂布は、ついに董卓を討つ。董卓の遺骸はさらされたが、灯心をへそに指して火をつけたところ、灯火は翌日まで消えなかった。

王允は、董卓の部下を許さなかった。このため、李傕と郭汜が長安を襲撃した。頼みの呂布は謀計に敗れ、袁術のもとに逃れた。王允は李傕と郭汜に殺され、二人が董卓に代わって長安で横暴の限りを尽くす。

そのころ、曹操は青州で黄巾の残党を降伏させ軍隊を組織し、急速に力を伸ばしていた。李傕と郭汜が仲間割れを始めると、献帝は長安を脱出して曹操に二人を討てと命ずる。曹操は、二人を破り、根拠地の許への遷都を強行した。天下は、献帝を擁立した曹操と、河北の統一を進める袁紹の対立に収斂されていく。

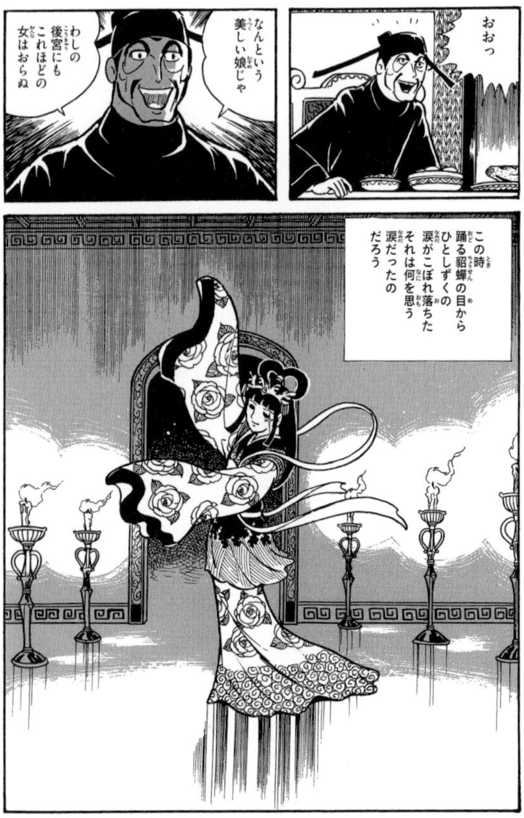


## 5 官渡会戦

献帝を擁立した曹操は、それを活用する。

陶謙に徐州を譲られた劉備のもとには、曹操に敗れた呂布が身を寄せていた。荀彧の「二虎競食の計」に基づき、曹操は劉備に呂布の殺害を命じる。劉備が巧みにかわすと、荀彧の「駆虎呑狼の計」に基づき、劉備に袁術を攻撃させ、その隙に呂布の徐州乗っ取りを成功させる。劉備は、謀略と知りながら軍を出し、呂布に追われて曹操に降伏した。

曹操は一方で、僭上の振る舞いにより宮中の反対派を炙りだす。献帝の狩りに同行した曹操は、天子の弓矢を取り上げて鹿を射る。天子の矢が当たり、万歳を唱える臣下の慶賀を曹操は天子を遮って自分が受けた。臣下が顔色を変える、それを監視したのである。

曹操の無礼な振る舞いに悲憤にくれた献帝は、皇后の父である伏完と相談し、曹操誅伐を命じた密詔を縫い込んだ玉帯を車騎将軍の董承に下賜した。董承は、王子服・馬騰などの同士を集め、血盟を結ぶ。劉備も血盟に誘われた。以後劉備は、畑仕事に精を出して韜晦に務めた。度が過ぎたのか。曹操に呼び出された劉備は、「天下の英雄は君とわしだけだ」と探りを入れられる。あっと驚いた劉備は、思わず箸を落としたが、たまたま響いた雷鳴にかこつけ、その場をごまかした。

翌日、劉備は袁術を討つことを名目に曹操から離れ、袁術を憤死させて、そのまま徐州に居すわった。曹操からの報復を恐れる劉備は、大学者の鄭玄のとりなしで袁紹に救援を求め、袁紹は曹操討伐の兵を挙げた。

袁紹の優柔不断を知る曹操は、両面作戦を避けるために、まず劉備を征討した。劉備は敗れ、関羽と妻子を奪われて、袁紹のもとに逃れていった。関羽は張遼に説得されて曹操ではなく、漢に降伏した。劉備は袁紹に大義を

説き、曹操討伐に踏み切らせる。官渡の戦いである。その前哨戦は、黄河の渡し場である白馬で行われた。袁紹の先鋒顔良は、曹操側の二将を討ち取ったが、関羽に首を斬られた。続いて顔良の仇討ちに出た文醜も関羽に斬られ、袁紹は激怒する。劉備は、袁紹軍から脱出し関羽と合流する。

袁紹が進軍を開始すると、曹操は官渡で迎え撃った。戦いは袁紹優勢で進んだが、袁紹の参謀であった許攸が曹操に降伏、烏巣の軍糧の焼き討ちを勧め、曹操自らそれを実行したため、形勢が逆転した。烏巣が襲撃された際、官渡を攻めさせた張郃・高覧が曹操に降伏すると、袁紹は戦意を喪失、袁紹軍は壊滅した。

袁紹が二年後に死去すると、曹操は袁紹の子たちの分裂を煽って、袁氏を滅ぼし、華北を完全に制圧した。建安十二(二〇七)年のことであった。

# 第一課　中国語の基礎知識

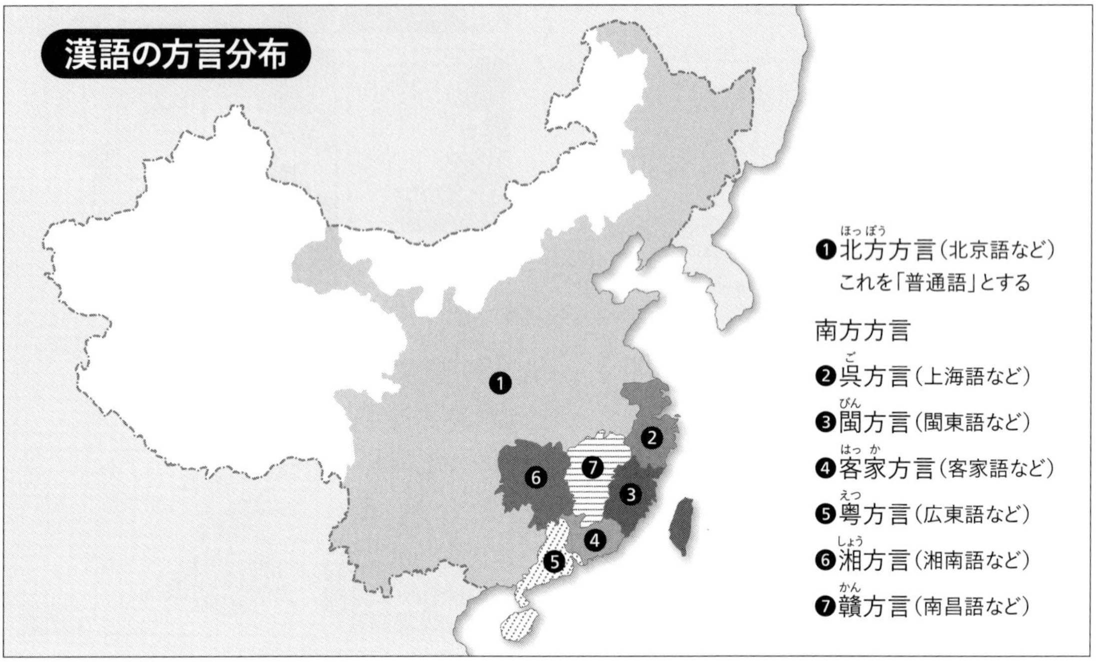


## 1 中国語とは

中国語は中華人民共和国・臺灣・シンガポールの公用語であるほか、世界各国にいる華僑・華人たちの間で、話されている言葉です。中国語を母語とする人は、約14億人いると言われ、世界で最も多くの母語話者を持ちます。

中国は、多民族・多言語国家であり、少数民族の言語も「中国の言語」であるために、中国語は、漢族の言葉という意味で「漢語」と呼びます。

「漢語」には、北京など北方地域の発音を基本とした「普通語」（標準語）のほか、「広東語」・「閩東語」などの方言があります。

また、臺灣では標準語を「國語」、シンガポールやマレーシアでは「華語」といいます。

## 2 日本と中国語

中国では、近代、とくに1860年代の洋務運動（李鴻章・曽国藩を中心とする中国最初の近代化運動）のころから、西欧の事物・概念を表す語の中国語への翻訳が進展しました。しかし、強い伝統文化を持つ中国の近代化は簡単には進みませんでした。

1895年の日清戦争の後、1898年に変法自強運動（康有為を中心とする立憲君主政を目指す運動）に失敗した梁啓超は、日本に亡命します。犬養毅や高田早苗（早稲田大学初代学長。初代総長は大隈重信）ら日本の知識人に歓迎された梁啓超は、横浜市の中華街で暮らし、『清議報』を発刊します。その際に、梁啓超は、すでに日本で西欧の事物・概念を翻訳していた「和製漢語」を積極的に用いたのです。

それにより、「科学」・「哲学」・「郵便」など新しく造語された漢語、「自由」・「観念」・「革命」など古典中国語で用いていた言葉に、新たな意味を加えた漢語などの「和製漢語」が、本格的に中国語に取り入れられました。

もちろん、「平等」・「民主」・「国債」など、洋務運動のころから中国で使われていた翻訳語が、日本で定着した漢語も多くあります。日本と中国は、漢語を共有しながら、近代化を進めてきたのです。

中国共産党を創設する陳独秀や李大釗など優秀な学生は、日本の早稲田大学に留学して、すでに日本語化されて定着していたこれらの漢語を使い、西洋を理解しました。かれらは、日本の国語の影響を強く受けました。帝国大学は英語で講義をしていましたが、大隈重信が「学の独立」を唱えた早稲田大学は、日本語で講義をしていたからです。

中華民國では、標準語という意味で日本語に由来する「國語」という呼称が用いられ、臺灣は、それを継承しているのです。

**◉『万国公法』により、清から日本にもたらされた「華製新漢語」**

特権、平時、戦時、野蛮、越権、慣行、共用、私権、主権、上告など。

**◉中国語になった「和製漢語」**

意識、右翼、運動、階級、共産主義、共和、左翼、失恋、進化など。

## 3 文字

漢字は、隷書・楷書・草書といった筆写方法の違いのほかに、異体字・俗字とよばれる多数の書き方を許容します。たとえば、『今昔文字鏡』という漢字表現ソフトによれば、「辺」の字は、「邊」「邉」など187文字を検出できます。それほどの異体字が必要なのです。ちなみに、わたしの渡「邉」は、戸籍上はその187文字に含まれない文字でした。俗字のうえ誤字でしたので。それでも、大田区役所から「邉」の字に変更しました、と通知が来たときには、ひどく腹が立ちました。そこで、それらの文字の中で、何が正しいのかを定めなければなりません。

清において、その基準とされたものが、康熙帝の勅撰した『康熙字典』でした。『康熙字典』で「正字」とされたものは、たとえば、それまで楷書では「俞」と書いていたものを「兪」と定めるなど、必ずしも万人の納得するものではありませんでした。それでも、清・中華民國や戦前の日本では、『康熙字典』の「正字」が字体の基準でした。

日本では1949年、「当用漢字字体表」が告示され、約500字が簡易字体とされて「新字体」が成立します。新字体は、「正字」(旧字体)の旁を同音の画数の少ない文字に差し替える、複雑な部分を省略した記号に置き換えるなどの手法で簡略化したものです。1950年代以降、活字の改刻が進むと、印刷物の漢字は、ほぼ全面的に新字体に切り替えられました。

中華人民共和国では1956年、字画が少なく読みや構成にも統一性を高めた「簡体字」が正式採用されました。簡体字は、中国全土で使用されることが中央政府によって義務化され、シンガポールも中国語(華語)の表記に採用しました。

これに対して、臺灣、香港、マカオでは、基本的に「正字」(繁体字、正体字)が用いられています。本書は、簡体字を用いて中国語を学んでいきます。

諸葛亮(正字) 諸葛亮(新字) 诸葛亮(簡体字)
關羽(正字) 関羽(新字) 关羽(簡体字)

# 第二課 中国語の発音(1)

## 1 中国語の母音(韻母)

中国語の音節は、「声母(子音)＋韻母(母音)」から成り立ちます。子音は21種類、母音は38種類あります。

母音には、

- **単母音**――1つの母音のみ
- **複合母音**――二重母音(2つの母音の組み合わせ)と
  三重母音(3つの母音の組み合わせ)がある
- **鼻母音**――後ろに“n”や“ng”がつく母音

## 2 単母音

母音の基本は、母音1つからなる単母音です。

**単母音の発音**

①a

口を大きく開けて「アー」と発音

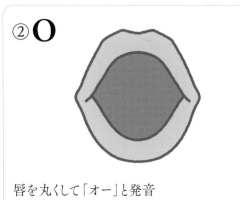

②o

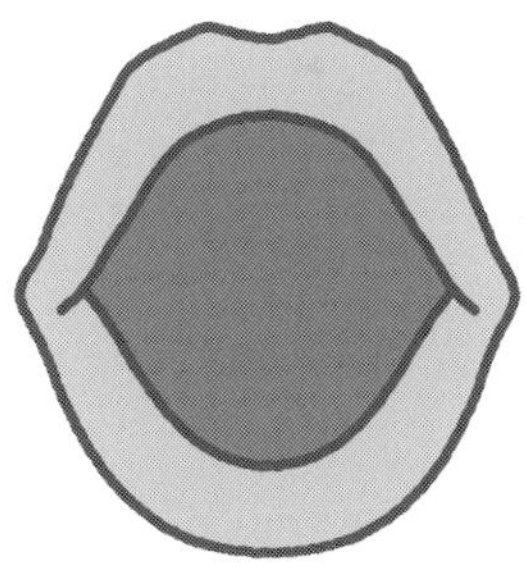

唇を丸くして「オー」と発音

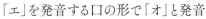

③e

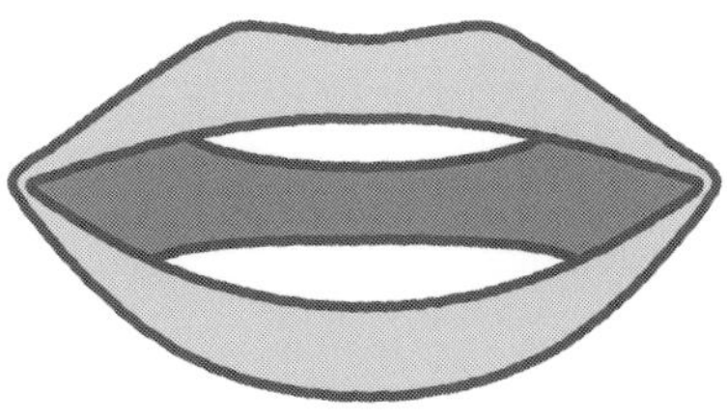

「エ」を発音する口の形で「オ」と発音

④i(yi)

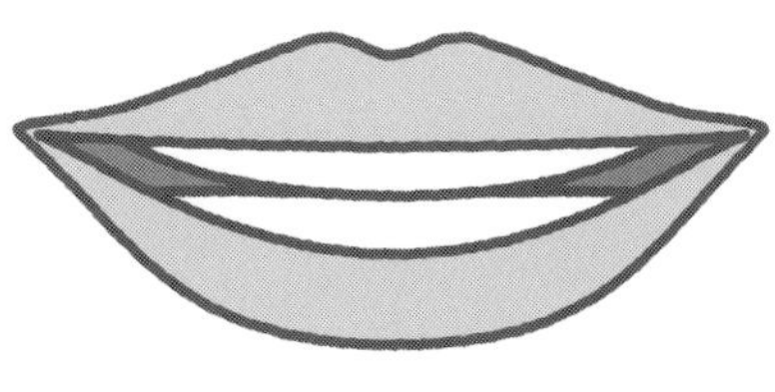

唇を強く左右に引いて「イ」と発音

⑤u(wu)

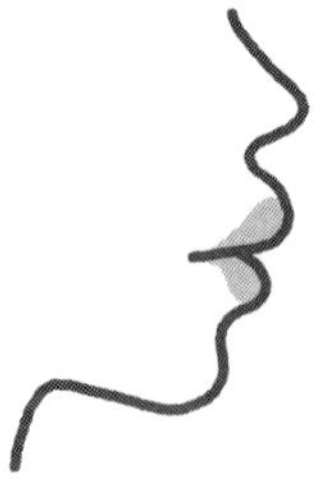

唇を突き出して「ウ」と発音

⑥ü(yu)

唇を突き出して「イ」と発音

⑦er

“e”の発音をしながら、舌先を上にそらせる

*( )は、前に子音がない場合の表記法です。

## 3 複合母音

二重母音は、2つの母音を組み合わせた1つの母音です。

**二重母音の発音**

| | | | | |
|---|---|---|---|---|
| ai | ei | ao | ou | |
| ia | ie | ua | uo | üe |

三重母音は、3つの母音を組み合わせた1つの母音です。

**三重母音の発音**

| | | | |
|---|---|---|---|
| iao | iou | uai | uei |

## 4 鼻母音

鼻母音は、母音の後ろに"n"や"ng"がつく、複合母音の1つです。
"n"は、案内の「ん」の発音です。発音したあと、口を閉じる。
"ng" は、案外の「ん」の発音です。発音したあと、口を閉じない。



**鼻母音の発音**

| | | | |
|---|---|---|---|
| an | en | in (yin) | ian (yan) |
| uan (wan) | uen (wen) | üan (yuan) | ün (yun) |
| ang | eng | ing (ying) | iang (yang) |
| uang (wang) | ueng (weng) | ong | iong |

*（）は、前に子音がない場合の表記法です。

第三課

# 中国語の発音(2)

## 1 中国語の子音(声母)

中国語の子音には、無気音と有気音があります。

## 2 無気音

子音の口の形から、そっと発音します。

## 3 有気音

息をためて、パッと息を吐き出すように発音します。

## 子音の発音

| | 無気音 | 有気音 | その他 | |
|---|---|---|---|---|
| 唇音 | b[o] | p[o] | m[o] | f[o] |
| 舌尖音 | d[e] | t[e] | n[e] | l[e] |
| 舌根音 | g[e] | k[e] | h[e] | |
| 舌面音 | j[i] | q[i] | x[i] | |
| 捲舌音 | zh[i] | ch[i] | sh[i] | r[i] |
| 舌歯音 | z[i] | c[i] | s[i] | |

＊発音練習するときは[ ]内の母音をつけます。

注意… **j q x**の後ろの**ü**は**u**と表記します。

**jü→ju　qü→qu　xü→xu**

## 4 捲舌音

子音の中で、最も難しい発音が、"zh""ch""sh""r"の捲舌音です。そり舌音とも言います。舌先をそりあげて摩擦音を出します。

## 5 音韻

中国語は、音節の一つ一つに、イントネーションを持つ声調言語です。音節の音の高低の違いが、子音や母音と同じように意味を区別しています。このイントネーションを声調と言います。「普通話」の声調は、基本的には四つあり、四声と呼ばれます。四声のほかに、本来の声調を失った軽声があり、その音節は軽く短く発音します。

中国語の発音は、拼音(ピンイン、漢語拼音)で表記されます。

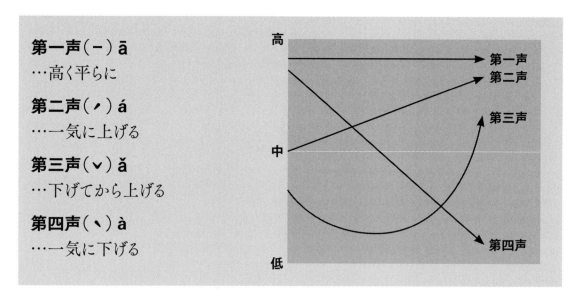

**第一声(－) ā**
…高く平らに

**第二声(ˊ) á**
…一気に上げる

**第三声(ˇ) ǎ**
…下げてから上げる

**第四声(ˋ) à**
…一気に下げる

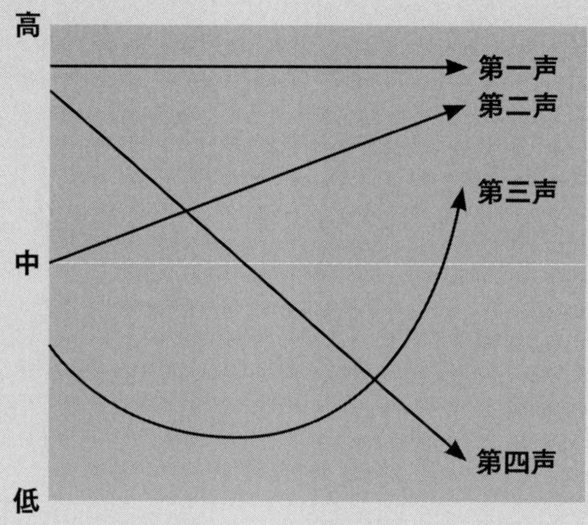


## 6 声調の変化

①第3声　＋　第3声　⇒　第2声　＋　第3声

你 好　　　　你 好
nǐ hǎo　　　ní hǎo　　＊声調表記は第3声のまま

②第3声　＋　第1･2･4声･軽声　⇒　半3声　＋　第1･2･3声･軽声

| 老师 | 语言 | 可笑 | 母亲 | |
|---|---|---|---|---|
| lǎoshī | yǔyán | kěxiào | mǔqin | ＊低く抑えて発音する |

③“不”bù ＋　第4声　⇒“不”bú　＋　第4声

| 不是 | 不大 | 不怕 |
|---|---|---|
| búshì | búdà | búpà |

④“一”yī ＋　第1·2·3声　⇒“一”yì ＋　第1·2·3声

| 一生 | 一年 | 一统 |
|---|---|---|
| yìshēng | yìnián | yìtǒng |

⑤“一”yī ＋　第4声　⇒“一”yí ＋　第4声

| 一次 | 一半 | 一样 |
|---|---|---|
| yícì | yíbàn | yíyàng |

## 7 声調符合の位置

①母音の上につける　【優先順位】 **a → e/o → i/u/ü**

②iu, ui は後ろの母音につける　牛 **niú**　队 **duì**

③i は上についている「·」を取って声調符合をつける

| 是 | 吃 | 对不起 |
|---|---|---|
| shì | chī | duìbuqǐ |

# 品詞略称一覧表

名――名詞
代――代名詞
動――動詞
形――形容詞
副――副詞
感――感嘆詞
疑――疑問詞
量――量詞
助――助詞
数――数詞
接――接続詞
助動――助動詞
前――前置詞
方――方位詞

# 第四課　三顧の礼

## 三顾茅庐　sāngùmáolú

曹操と袁紹が華北で決戦を繰り広げていたころ、荊州は平和であった。荊州牧の劉表が、蔡瑁・蒯越ら荊州豪族の協力を得て、安定した統治を行っていたからである。劉備は劉表の信頼を得、客将として新野に駐屯する。髀肉の嘆を漏らしたのは、このころである。司馬徽から配下に世を救う逸材がいないから大事を成し遂げられない、と指摘された劉備は、伏龍・鳳雛という司馬徽の推奨する人物を探し求める。

### 場面1◉草廬を訪ねる

**刘备:** 你 好！

**Liúbèi:** Nǐ hǎo!

**诸葛均:** 您 好！

**Zhūgějūn:** Nín hǎo!

**刘备:** 你 是 孔明 的 弟弟 吗？

Nǐ shì kǒngmíng de dìdi ma ?

**诸葛均:** 对，我 是 他 弟弟。

Duì,wǒ shì tā dìdi.

〔生词〕

- ▷**你好** nǐ hǎo こんにちは。
- ▷**您好** nín hǎo（目上に対して）こんにちは。
- ▷**你** nǐ 代 あなた。きみ。
- ▷**您** nín 代 あなたの丁寧な言い方。目上に対して使う。
- ▷**是** shì 動 ～です。～である。
- ▷**孔明** Kǒngmíng 名 蜀漢（しょくかん）の丞相（じょうしょう）の諸葛亮（しょかつりょう）の字（あざな）。
- ▷**的** de 助 ～の。
- ▷**弟弟** dìdi 名 弟。
- ▷**吗** ma 助 疑問を表す助詞。
- ▷**对** duì 形 合っている。そうである。はい。
- ▷**我** wǒ 代 わたし。
- ▷**他** tā 代 かれ。
- ▷**刘备** Liúbèi 名 蜀漢の建国者。
- ▷**诸葛均** Zhūgějūn 名 諸葛亮の弟。
- ▷**茅庐** máolú 名 かやぶきの家。

## 場面2⊙孔明出廬

刘备：**这 是 关羽。**

**Liúbèi:** Zhè shì Guānyǔ.

**那 是 张飞。**

Nà shì Zhāngfēi.

**他们 都 是 我 的 义 弟。**

Tāmen dōu shì wǒ de yìdì.

张飞：**你 好！**

**Zhāngfēi:** Nǐ hǎo!

关羽：**您 好！**

**Guānyǔ:** Nín hǎo!

诸葛亮：**你们 好！**

**Zhūgěliàng:** Nǐmen hǎo!

刘备：**我们 一起 走 吧。**

Wǒmen yīqǐ zǒu ba.

诸葛亮：**好。**

Hǎo.

**〔生词〕**

- **关羽** Guānyǔ [名] 劉備の義弟の関羽(かんう)。
- **这** zhè [代] これ。それ。この。その。近くの人や事物を指す。
- **那** nà [代] それ。その。あれ。あの。比較的遠くの人や事物を指す。
- **张飞** Zhāngfēi [名] 劉備の義弟の張飛(ちょうひ)。
- **他们** tāmen [代] かれら。
- **都** dōu [副] みな。すべて。
- **义弟** yìdì [名] 義理の弟。
- **你们** nǐmen [代] あなたたち。
- **我们** wǒmen [代] わたしたち。
- **一起** yīqǐ [副] 一緒に。
- **走** zǒu [動] 行く。
- **吧** ba [助] 文末に用いて提案や促す意味を示す。　～しましょう。
- **好** hǎo [形] よい。いい。
- **诸葛亮** Zhūgěliàng [名] 諸葛亮。

第四課

## ここを押さえよう! 学習のポイント

### 1 人称代名詞

| 単数形 | | 複数形 | |
|---|---|---|---|
| わたし | **我**<br>wǒ | わたしたち | **我们**<br>wǒmen |
| あなた | **你**<br>nǐ | あなたたち | **你们**<br>nǐmen |
| (目上に対して)<br>あなた | **您**<br>Nín | – | – |
| 彼・彼女 | **他/她**<br>tā tā | 彼ら・彼女たち | **他们/她们**<br>tāmen tāmen |
| それ・あれ<br>人間以外を指す<br>3人称 | **它**<br>tā | それら・あれら | **它们**<br>tāmen |

### 2 "是"構文

"是"は、日本語の「～です」に当たります。英語のbe動詞に働きが似ていますが、主語や時制にともない形が変化することはありません。

**(1)肯定文**

「AはBです」という中国語は、次のようになります。

A 是 B。 A shì B.

「張飛は武将です」は、次のようになります。［武将：武将 wǔjiàng］

**张飞 是 武将。** Zhāngfēi shì wǔjiàng.

**(2)否定文**

否定文は、“是”の前に“不”をつけ、“不是”とします。

**A 不 是 B。** A bú shì B. （AはBではない）

**张飞 不 是 黄巾贼。** Zhāngfēi bú shì Huángjīnzéi.（張飛は黄巾賊ではありません）



**(3)疑問文**

“是”を使った文を疑問形にするには、以下のような言い方があります。

①文末に“吗”を用いる

**A 是 B 吗?** A shì B ma?（AはBですか）

**张飞 是 武将 吗?** Zhāngfēi shì wǔjiàng ma ?（張飛は武将ですか）

②肯定形と否定形を繰り返します。このような疑問文を「反復疑問文」と呼びます。

**你 是 不 是 关将军?** Nǐ shì bú shì Guānjiāngjūn ?（あなたは関将軍ですか）

**你 是 关将军 不 是?** Nǐ shì Guānjiāngjūn bú shì ?（あなたは関将軍ですか）

反復疑問文は、肯定形と否定形を重ねることで、すでに疑問を表わしているため、文末に助詞の“吗”をつけません。

**× 你 是 不 是 关将军 吗?**

### (4) “是”を用いた疑問文の答え方

答えが「はい」であれば“是”を、「いいえ」であれば“不是”を用います。

**张飞 是 武将 吗?** Zhāngfēi shì wǔjiàng ma ?（張飛は武将ですか）

**是。** Shì.（はい）

**袁绍 是 英雄 吗?** Yuánshào shì yīngxióng ma ?（袁紹は英雄ですか）

**不是。** Búshì.（いいえ）

## 3 “的” ～の

“的”は、名詞・人称代名詞・動詞などさまざまな語句の後ろに用いて、連体修飾語を作ります。日本語の「の」にあたります。

**他 的 弟弟** tā de dìdi かれの弟

**荆州 的 牧** Jīngzhōu de mù 荊州の牧

**☆省略できる“的”**

①“他的弟弟”のような人称代名詞（ここでは“他”）が、親族関係を表す名詞（ここでは“弟弟”）を修飾する場合、日本語では「の」が必要となりますが、中国語の場合は省略することができます。

**你 的 弟弟** nǐ dè dìdi（あなたの弟）→ ○ **你 弟弟** nǐ dìdi（あなたの弟）

**我 的 妈妈** wǒ de māma（私のお母さん）→ ○ **我 妈妈** wǒ māma（私のお母さん）

②人称代名詞が、所属を表す名詞の場合も“的”は省略できます。[公司 gōngsī：会社]

**我们 的 公司** wǒmen de gōngsī（私たちの会社）

→ ○ **我们 公司** wǒmen gōngsī（私たちの会社）

他们 的 学校　tāmen de xuéxiào（彼らの学校）

→ ◯ 他们 学校　tāmen xuéxiào（彼らの学校）

## 4 副詞“都”　みな。すべて

中国語の副詞は、多くの場合、主語の後ろ、述語となる動詞や形容詞の前に置きます。

我们 都 是 将军。　Wǒmen dōu shì jiāngjūn.（私たちはみな将軍です）

他们 都 是 徐州人。　Tāmen dōu shì Xúzhōurén.（彼らはみな徐州人です）



## すぐに使える中国語！

你 好。　Nǐ hǎo.　こんにちは。

您 好。　Nín hǎo.（相手が目上の場合）　こんにちは。

你们 好。　Nǐmen hǎo.（相手が複数の場合）　こんにちは。

## やってみよう! 今日の復習

**1.〔　　〕の中の単語を並び替え、中国語を完成させましょう。**

①かれは僕の弟です。〔**的　他　我　弟弟　是**〕

②そなたは孔明殿ですか?〔**是　吗　孔明　您**〕

③かれは荆州の牧ではありません。〔**牧　不　的　荆州　是　他**〕

**2. 次の単語にピンインをつけ、発音してみましょう。**

①**好**(よい)

②**是**(です)

③**妈妈**(お母さん)

# 劉備の肩書

劉備は、このとき左将軍領豫州牧・宜城亭侯として新野に駐屯していた。皇叔は、『三国志演義』のフィクションである。劉備の本官は、左将軍で、領豫州牧は兼任である。官職名の前にある「領」や「守」は兼任を示す。豫州牧は豫州の支配者であるが、劉備は名目的に豫州牧を兼任しているだけである。こうした場合には、とくに遥領官と呼ぶ。宜城亭侯は、爵位である。爵位は官職と異なり世襲できる。実際に宜城を領有しているわけではないが、亭侯・県侯などの格に応じて国家から金品が支給される。

官職や爵位を持つ人の場合、それで呼ぶことが普通であるため、劉備は劉左将軍と呼ぶか、劉豫州と呼ぶ。州牧の方が少し格上のため、劉豫州と呼んだ方が喜ぶかもしれないが、正式には劉左将軍である。三顧の礼のとき、諸葛亮は、「将軍」と呼んでいる。無位無官の場合は、字で呼ぶ。劉備の場合は、玄徳となる。名の備は、親や師君しか呼べない。死後、名は諱となり、子孫や友人の前でそれを呼ぶことは非礼となる。

これこれ
孔明先生の
お住まいは
ここか
?
すまないが
漢の左将軍
宜城亭侯
領は豫州の牧
新野の皇叔
劉備玄徳が
来たと伝えて
もらえぬか
うん
それは
よかった
ま 待ってよ
そんな名前
覚えきれ
ないよ
もう一度
言ってよ
いや
悪かった
新野の
劉備が来たと
取り次いで
もらえぬかな

# 第五課 長坂坡の戦い

## 长坂坡之战　chángbǎnpō zhī zhàn

劉備が三顧の礼で諸葛亮を迎えたころ、曹操は最大のライバル袁紹の遺児たちを滅ぼし、河北を統一した。中国の統一を目指す曹操は、荊州に南下する。そのころ荊州牧の劉表は病死し、重臣の蔡瑁たちは、次男の劉琮を後継者にして、曹操に降伏した。長男の劉琦に親しい劉備は、最前線に取り残され曹操に大敗する。軍事拠点の江陵に向けて南下する劉備軍は、長坂坡で曹操に急襲される。趙雲は単騎、阿斗(劉備の子)を守った。

### 場面1⦿常山の趙子龍

**曹洪: 您 贵姓？**

**Cáohóng:** Nín guìxìng ?

**赵云: 我 姓 赵。我 叫 赵云。**

**Zhàoyún:** Wǒ xìng Zhào. Wǒ jiào Zhàoyún.

**我 是 常山人。**

Wǒ shì Chángshānrén.

**曹洪: 哎呀！**

Āiyā!

**你 就 是 赵子龙 吗？**

Nǐ jiù shì Zhàozǐlóng ma?

赵云: **你 叫 什么 名字？**

Nǐ jiào shénme míngzi?

曹洪: ……。

赵云: **欸，别走！**

Ēi,bié zǒu!

第五課

〔生词〕

- 贵姓 guìxìng 名 苗字の丁寧な言い方。
- 姓 xìng 動 (姓を)〜という。
- 叫 jiào 動 〜という。〜と呼ぶ。
- 常山 Chángshān 名 冀州常山郡のこと。趙雲の故郷。
- 哎呀 āiyā 感 え。おや。まあ。意外だったり驚いたときに使う感嘆詞。
- 就 jiù 副 ほかでもなく。絶対に。肯定の意を強める。
- 什么 shénme 疑 何。何の。どんな。
- 名字 míngzi 名 名前。
- 欸 ēi 感 おい。やあ。
- 别 bié 副 動詞の前につけて禁止を表す。「〜するな」、「〜しないでください」。
- 赵云 Zhàoyún 名 趙雲、字は子龍。劉備に仕えた将軍。五虎大将の一人。
- 曹洪 Cáohóng 名 曹洪、字は子廉。曹操の武将で従弟。
- 长坂坡 Chángbǎnpō 地名 荆州南郡当陽県にある長坂坡。

张飞:欸，你们 几 个 快 过来！

**Zhāngfēi:** Ēi,nǐmen jǐ ge kuài guòlái!

你们 去 烧桥。

Nǐmen qù shāoqiáo.

兵士A:到 几 点？

**Bīngshì:** Dào jǐ diǎn ?

张飞:到 三点。快 点儿！

Dào sāndiǎn. Kuài diǎnr!

兵士A:知道 了。

Zhīdao le.

张飞:加油！

Jiāyóu!

兵士B:现在 几 点？

Xiànzài jǐ diǎn?

兵士A:两点。

Liǎngdiǎn.

兵士B:我们 快 点儿 干 吧。

Wǒmen kuài diǎnr gàn ba.

〔生词〕

▷ **几** jǐ 疑 いくつ。いくら。

▷ **个** ge 量 ～個。

▷ **快** kuài 副 急ぐ。早く。さっと。

▷ **过来** guòlái 動 やって来る。こちらへ来る。

▷ **去** qù 動 行く。去る。

▷ **烧** shāo 動 燃やす。焼く。

▷ **桥** qiáo 名 橋。

▷ **到** dào 前 ～まで。～へ。

▷ **点** diǎn 名 ～時。

▷ **几点** jǐdiǎn 名 何時。

▷ **三点** sāndiǎn 名 3時。

▷ **点儿** diǎnr 量 少し。ちょっと。

▷ **知道** zhīdao 動 知る。知っている。分かる。

▷ **了** le 助 断定のニュアンスを表す助詞。

▷ **加油** jiāyóu 動 精を出す。がんばれ。

▷ **现在** xiànzài 名 いま。現在。

▷ **两** liǎng 数 2。2つ。

▷ **两点** liǎngdiǎn 名 2時。

▷ **干** gàn 動 (仕事を)する、やる。

▷ **兵士** bīngshì 名 兵士。兵卒。

第五課

## ここを押さえよう! 学習のポイント

### 1 動詞述語文

“来”(来る)・“看”(見る)・“吃”(食べる)・“打”(叩く)などの動詞が、述語となっている文を動詞述語文と言います。

彼は来ます。
**他 来。** Tā lái.

私は見ます。
**我 看。** Wǒ kàn.

目的語がある場合は、動詞の後ろに置きます。

**主語＋動詞＋名詞〔目的語〕**

私は諸葛亮が好きです。[好き:爱 ài]
**我 爱 诸葛亮。** Wǒ ài Zhūgěliàng.

張飛は督郵を叩く。[督郵:督邮 dūyóu]
**张飞 打 督邮。** Zhāngfēi dǎ dūyóu.

否定文は、述語となる動詞の前に、“不”をつけます。

彼は来ません。
**他 不 来。** Tā bù lái.

劉備は民を見捨てない。[捨てる:放弃 fàngqì]
**刘备 不 放弃 百姓。** Liúbèi bú fàngqì bǎixìng.

彼は司馬懿を好きではない。
**他 不 爱 司马懿。** Tā bú ài Sīmǎyì.

## 2 数字の数え方

0から10までの数字と数の単位の言い方です。

| 0 | 1 | 2 | 3 | 4 | 5 |
|---|---|---|---|---|---|
| 零<br>líng | 一<br>yī | 二<br>èr | 三<br>sān | 四<br>sì | 五<br>wǔ |
| **6** | **7** | **8** | **9** | **10** | **11** |
| 六<br>liù | 七<br>qī | 八<br>bā | 九<br>jiǔ | 十<br>shí | 十一<br>shíyī |
| **12** | **13** | **14** | **15** | **16** | **17** |
| 十二<br>shí'èr | 十三<br>shísān | 十四<br>shísì | 十五<br>shíwǔ | 十六<br>shíliù | 十七<br>shíqī |
| **18** | **19** | **20** | **21** | **22** | **23** |
| 十八<br>shíbā | 十九<br>shíjiǔ | 二十<br>èrshí | 二十一<br>èrshiyī | 二十二<br>èrshièr | 二十三<br>èrshisān |
| **30** | **40** | **50** | **60** | **70** | **80** |
| 三十<br>sānshí | 四十<br>sìshí | 五十<br>wǔshí | 六十<br>liùshí | 七十<br>qīshí | 八十<br>bāshí |
| **90** | **96** | **97** | **98** | **99** | **100** |
| 九十<br>jiǔshí | 九十六<br>jiǔshíliù | 九十七<br>jiǔshíqī | 九十八<br>jiǔshíbā | 九十九<br>jiǔshíjiǔ | 一百<br>yìbǎi |

| 百の単位 | 千の単位 | 万の単位 | 億の単位 |
|---|---|---|---|
| 百<br>bǎi | 千<br>qiān | 万<br>wàn | 亿<br>yì |

## 3 時刻の言い方

中国語では、時間には“点”、分には“分”を使います。

10時20分

**十点二十分**　shídiǎn èrshifēn

**☆まとめて覚えよう！**

| | |
|---|---|
| 1時 | 一点　yīdiǎn |
| 2時 | 两点　liǎngdiǎn |
| 3時 | 三点　sāndiǎn |
| 4時 | 四点　sìdiǎn |
| 5時 | 五点　wǔdiǎn |
| 6時 | 六点　liùdiǎn |
| 7時 | 七点　qīdiǎn |
| 8時 | 八点　bādiǎn |
| 9時 | 九点　jiǔdiǎn |
| 10時 | 十点　shídiǎn |
| 11時 | 十一点　shíyīdiǎn |
| 12時 | 十二点　shí'èrdiǎn |

| | |
|---|---|
| 5分 | 五分　wǔfēn |
| 10分 | 十分　shífēn |
| 15分 | 十五分　shíwǔfēn |
| | 一刻　yīkè |
| 30分 | 三十分　sānshífēn |
| | 半　bàn |
| 55分 | 五十五分　wǔshíwǔfēn |

15分は、“一刻”yíkèといいます。

45分は、“三刻”sānkèとなります（15分×3）

午前8時45分は、

**上午 八点 四十五分。** Shàngwǔ bādiǎn sìshíwǔfēn.

**上午 八点 三刻。** Shàngwǔ bādiǎn sānkè.

の2通りの言い方ができます。

日本語の「～時～分前」という言い方は、中国語では“差”chà を使います。

6時5分前

差五分六点 chàwǔfēnliùdiǎn



| 午前 | 正午 | 午後 |
|---|---|---|
| 上午<br>shàngwǔ | 中午<br>zhōngwǔ | 下午<br>xiàwǔ |

**☆時間のたずね方**

“几”は、「いくつ、いくら」という意味の疑問詞です。日本語の「何時」は、“几点”jǐdiǎnと言います。

今、何時ですか？

**现在 几点？** Xiànzài jǐdiǎn?

今、5時30分です。

**现在 五点 三十分。** Xiànzài wǔdiǎn sānshífēn.

**现在 五点半。** Xiànzài wǔdiǎnbàn.

疑問詞が使われている疑問文は、文末に“吗”をつけません。疑問詞がすでに疑問を表しているためです。ここでは、“几”が疑問詞です。

○　**现在 几点?**　Xiànzài jǐdiǎn?

×　**现在 几点　吗?**

## 4 名詞述語文

「今、何時ですか?」や「今3時です」という日本語の中には、「です」があります。しかし、中国語に訳す場合に「です」にあたる“是”を使う必要はありません。

“几点”や“三点”という名詞が述語となれるためです。このような文を名詞述語文と呼びます。

**现在**　三点。　今、3時です。
主語　＋　述語(名詞)

ただし、すべての名詞が述語になれるわけではありません。
述語になれる名詞は、「時間・年齢・数量・出身・職業・天候」などです。
また、名詞述語文は、主に話し言葉で使われます。

名詞述語文に動詞の“是”を使えば、“是”が述語となり、その文は“是”構文となります。なお、“是”構文も動詞述語文です。

**曹操 沛国人。**　Cáocāo Pèiguórén.（曹操は沛国人です）［名詞述語文］

**曹操 是 沛国人。**　Cáocāo shì Pèiguórén.（曹操は沛国人です）“是”構文［動詞述語文］

名詞述語文の否定には、“不是”を使います。つまり、“是”構文の否定と同じ形になります。

**现在 四点。**　Xiànzài sìdiǎn.（いまは4時です）

×　**现在 不 五点。**（いまは5時ではありません）

○　**现在 不 是 五点。**（いまは5時ではありません）

## 5 名前の聞き方、答え方

あなたのご苗字は何ですか？ ※贵姓は相手に敬意を示す言葉です。

**您 贵姓？** Nín guìxìng?

あなたの苗字は何ですか？

**你 姓 什么？** Nǐ xìng shénme?

私は劉です。

**我 姓 刘。** Wǒ xìng Liú.

「您贵姓？」「你姓什么？」は名字だけをたずねる言い方です。
答える人は、苗字を答えたあとに続けてフルネームを言うのが一般的です。

あなたのご苗字は何ですか？

**您 贵姓？** Nín guìxìng?

私は劉です。劉備と申します。

**我 姓 刘。 我 叫 刘备。** Wǒ xìng Liú。Wǒ jiào Liúbèi.

はじめからフルネームをたずねたい場合は、次のように言います。

あなたのお名前は何ですか？

**你 叫 什么 名字？** Nǐ jiào shénme míngzi?

私は曹仁といいます。

**我 叫 曹仁。** Wǒ jiào Cáorén.

## すぐに使える中国語!

刘琮: **曹操 几点 来?**
**Liúcóng:** Cáocāo jǐdiǎn lái?
曹操は何時に来るのか?

蔡瑁: **今天 他 不 来。**
**Càimào:** Jīntiān tā bù lái.
今日は来ませんよ

刘琮: **太 好 了!**
Tài hǎo le!
良かった!

蔡瑁: **对,太 好 了。**
Duì, tài hǎo le.
そうですよ、良かったです

## やってみよう! 今日の復習

**1.〔　　〕の中の単語を並び替え、中国語を完成させましょう。**

①彼の名前は何と言いますか?〔**什么　他　名字　叫**〕

②早く行け!〔**走　快　你**〕

③彼は常山出身の人ではありません。彼は燕人張翼徳(えんひとちょうよくとく)です。
〔**燕人　是　他　不　常山人　张翼德　是　他**〕

**2.次の単語にピンインをつけ、日本語に訳しましょう。**

**①三点**

**②知道**

**③什么**

# 英雄の武器

『三国志演義』では、英雄ごとに持つ武器が定まっていて、それにより英雄の強さを示す。

たとえば、個人として最強の武力を持つ呂布は、方天画戟という、突くことも薙ぐこともできる武器を持つ。また、関羽は、「冷艶鋸」という名を持つ50 kgもの青龍偃月刀を振り回し、張飛は、6 mの長さを持つ蛇矛を操る。

趙雲は、ふだん槍を使うが、長坂坡の場面だけは、青釭の剣を振るう。古くからの武器である諸刃の剣は、刀の登場により、戦場での使用機会は減っていったが、その代わりに神秘性を持つものとされていた。のちに皇帝となる劉禅(阿斗)の命を救う場面であるため、趙雲はここでは剣を振るうのである。『三国志演義』は、穴に落ちた趙雲が光を放つ場面を持つ。刀が光ったのか、のちに皇帝となる阿斗が放った光であるのか、明確な答えを『三国志演義』は記さない。

素晴らしい剣だ
青釭
こ これは 青釭の剣
す すると これは 夏侯惇の弟 夏侯恩か
伝え聞くに 夏侯恩は曹操に とても気に入られ 秘蔵の名剣 「青釭倚天」の 二振りのうち 倚天の剣は曹操が自ら 腰に帯び 青釭の剣は お気に入りの 夏侯恩に 与えたという

# 長坂坡の趙雲像

長坂坡(湖北省当陽県)の戦いが行われた長坂では、趙雲像が今もたたずむ。像の胸には、阿斗(劉禅)がしっかりと抱えられている。

撮影:渡邉義浩

# 第六課 魯肅と周瑜

## 鲁肃与周瑜 lǔsù yǔ zhōuyú

趙雲・張飛の活躍により、長坂坡での難を逃れた劉備は、関羽・諸葛亮とともに、夏口の劉琦のもとに合流した。諸葛亮は、曹操と戦うため、江東の孫権との同盟を目指す。曹操は荊州の軍事拠点である江陵を制圧した。

一方、曹操を恐れる孫権からも、荊州の様子を探りに、魯肅が劉表の弔問に訪れる。諸葛亮は、兄の諸葛瑾とも親しい魯肅とともに江東に向かい、孫権のもとで軍事を掌握する周瑜の説得を試みる。

### 場面1 ◉ 二喬

**周瑜 有 个 妻子。她 叫 小乔。**

Zhōuyú yǒu ge qīzi。 Tā jiào Xiǎoqiáo.

**小乔 的 姐姐 是 孙策 的 妻子。**

Xiǎoqiáo de jiějie shì Sūncè de qīzi.

**她 叫 大乔。她们 的 父亲 是 乔国老。**

Tā jiào Dàqiáo. Tāmen de fùqin shì Qiáoguólǎo.

**他 没有 儿子，只 有 她们 姐妹 俩。**

Tā méiyǒu érzi, zhǐ yǒu tāmen jiěmèi liǎ.

〔生词〕

▷**周瑜** Zhōuyú 名 周瑜。

▷**有** yǒu 動 ある。持っている。

▷**妻子** qīzi 名 妻。奥さん。

▷**小乔** Xiǎoqiáo 名 小喬。周瑜の妻。

▷**姐姐** jiějie 名 姉。お姉さん。

▷**孙策** Sūncè 名 孫策。孫堅の長男で孫権の兄。

▷**大乔** Dàqiáo 名 大喬。孫策の妻。

▷**父亲** fùqin 名 父。お父さん。

▷**乔国老** Qiáoguólǎo 名 喬国老。大喬二喬の父。

▷**没有** méiyǒu 動 ない。持っていない。

▷**儿子** érzi 名 息子。

▷**只** zhǐ 副 ただ。だけ。～しか。

▷**姐妹** jiěmèi 名 姉と妹。姉妹。

▷**俩** liǎ 数 二人。二つ。

周瑜は字を公瑾と言い
孫策に知られて将と
なるや わずか二十四歳で
中郎将となった
ほどの人物であった
呉の人はこの年少
紅顔の将軍を軍中の
美周郎と呼んで
もてはやした

周瑜が江夏の太守で
あった時 喬公と言う
名家の二女を知った
姉妹ともに絶世の美女で
「喬公の二名花」と言えば
呉で知らない者は
いなかった

## 場面2⊙劉備と同盟

**周瑜:** 鲁子敬！ 好久 没 见 了。

**Zhōuyú:** Lǔzǐjìng! Hǎojiǔ méi jiàn le.

有 事儿 吗？

Yǒu shìr ma?

**鲁肃:** 我 有 事 找 你。

**Lǔsù:** Wǒ yǒu shì zhǎo nǐ.

现在 我们 国内 有 两种 意见。

Xiànzài wǒmen guónèi yǒu liǎngzhǒng yìjiàn.

**周瑜:** 我 也 知道。

Wǒ yě zhīdao.

**鲁肃:** 你 有 没有 好 办法？

Nǐ yǒu méiyǒu hǎo bànfǎ?

**周瑜:** 没有。

Méiyǒu.

**鲁肃:** 因此 我 是 带 孔明 来 的。

Yīncǐ wǒ shì dài Kǒngmíng lái de.

**周瑜**：**噢，他 有 谋略 吗？**

Ō, tā yǒu móulüè ma?

**鲁肃**：**有。**

Yǒu.

〔生词〕

- **鲁子敬** Lǔzǐjìng 名 鲁肃。子敬は字。周瑜の推薦により孫権が迎えた政治家。
- **好久** hǎojiǔ 名 長いこと。長い間。
- **没** méi 動 否定詞。次にくる動詞の動作や状態が実現しなかった、していないことを表す。～しなかった。～していない。
- **见** jiàn 動 会う。
- **了** le 助 文末に用いて状況の変化を表す助詞。
- **事儿** shìr 名 こと。用事。
- **找** zhǎo 動 探す。
- **国内** guónèi 名 国内。
- **种** zhǒng 量 種。種類。
- **意见** yìjiàn 名 意見。考え。
- **也** yě 副 ～も。
- **办法** bànfǎ 名 方法。手段。
- **因此** yīncǐ 接 それで。そこで。
- **带** dài 動 率いる。連れる。
- **噢** ō 感 おお。そうか。感嘆詞。
- **谋略** móulüè 名 計略や策略。

## ここを押さえよう! 学習のポイント

### 1 「所有」を表す“有”

「持っている」ことを表す時は、所有を表す“有”を使います。

諸葛亮は兄が1人います。[兄:哥哥 gēge]
**诸葛亮 有 一个 哥哥。** Zhūgěliàng yǒu yīge gēge.

関羽は赤兎馬(せきとば)を持っています。
**关羽 有 赤兔马。** Guānyǔ yǒu Chìtùmǎ.

否定には、“没有”を使います。

趙雲は奥さんがいません。
**赵云 没有 妻子。** Zhàoyún méiyǒu qīzi.

孫権は玉璽を持っていません。
**孙权 没有 玉玺。** Sūnquán méiyǒu yùxǐ.

疑問文にする場合には、次の3つの言い方があります。
①文末に“吗”をつける

**刘备 有 姐姐 吗?** Liúbèi yǒu jiějie ma?

②肯定形と否定形を重ねる。文末に“吗”はつけない。[**反復疑問文**]

**刘备 有 没有 姐姐?** Liúbèi yǒu méiyǒu jiějie?

③肯定形と否定形の間に対象となる名詞を挟む。

**刘备 有 姐姐 没有?** Liúbèi yǒu jiějie méiyǒu?

答える時は、Yesならば“有”、Noならば“没有”となります。

**司马师 有 哥哥 吗?**
Sīmǎshī yǒu gēge ma ?

## 2 助数詞について

助数詞(量詞)は、数の後ろにつけてその物の数量を表します。助数詞は、日本語の場合と同じように、その物に合ったものを使います。

| | | | | |
|---|---|---|---|---|
| 1人の軍師 | **一 个** | **军师** | yíge jūnshī | |
| 3冊の本[本:书] | **三 本** | **书** | sānběn shū | |
| 1つの孔明白羽扇(こうめいびゃくうせん) | **一 把** | **孔明扇** | yìbǎ kǒngmíngshān | |
| 2本のペン | **两 支** | **笔** | liǎngzhī bǐ | *「二つ」を表わすときは“两”を使い、“二”は使いません。 |
| 一足の靴 | **一 双** | **鞋** | yìshuāng xié | |
| 4本のタオル | **四 条** | **毛巾** | sìtiáo máojīn | |

日本語では、「数+助数詞」と名詞の間に「の」が入りますが、中国語では“的”は要りません。

1人の軍師　×　**一个 的 军师**

3冊の本　×　**三本 的 书**

## 3 “是～的”構文

“是～的”は、すでに行った動作の時間や手段、対象となる人、場所などを強調したいときに使われます。

**你 是 几点 来 许都 的?**(あなたは何時に許都(きょと)へ来たんですか)
Nǐ shì jǐdiǎn lái Xǔdū de?

**我 是 三点 来 许都 的。**(私は3時に許都へ来たんです)
Wǒ shì sāndiǎn lái Xǔdū de.

"是"は省略することができますが、"的"は省略できません。

**赵云(是)一点 来 长坂坡 的。**(趙雲は1時に長坂坡に来たんです)
Zhàoyún (shì) yīdiǎn lái Chángbǎnpō de.

**阿斗(是)上午 出生 的。**(阿斗(あと)は午前中に生まれたんです)
Ādòu (shì) shàngwǔ chūshēng de.

## 4 副詞"也" ～も

中国語の副詞は、主語の後ろ、述語となる動詞や形容詞の前に置きます。副詞の"都"(みな)については、第四課ですでに学習しました。ここでは、副詞"也"(～も)を使った表現を覚えましょう。

私は軍師です。
**我 是 军师。** Wǒ shì jūnshī.

私も軍師です。
**我 也 是 军师。** Wǒ yě shì jūnshī.
主語 ＋ 副詞 ＋ 述語

彼も軍師ですか？ ＊"都"や"也"などの副詞がある場合は、反復疑問文にはできません。
**他 也 是 军师 吗？** Tā yě shì jūnshī ma?

はい、彼は劉玄徳(げんとく)の軍師です。
**是，他 是 刘玄德 的 军师。** Shì,tā shì Liúxuándé de jūnshī.

## 5 家族の呼び方

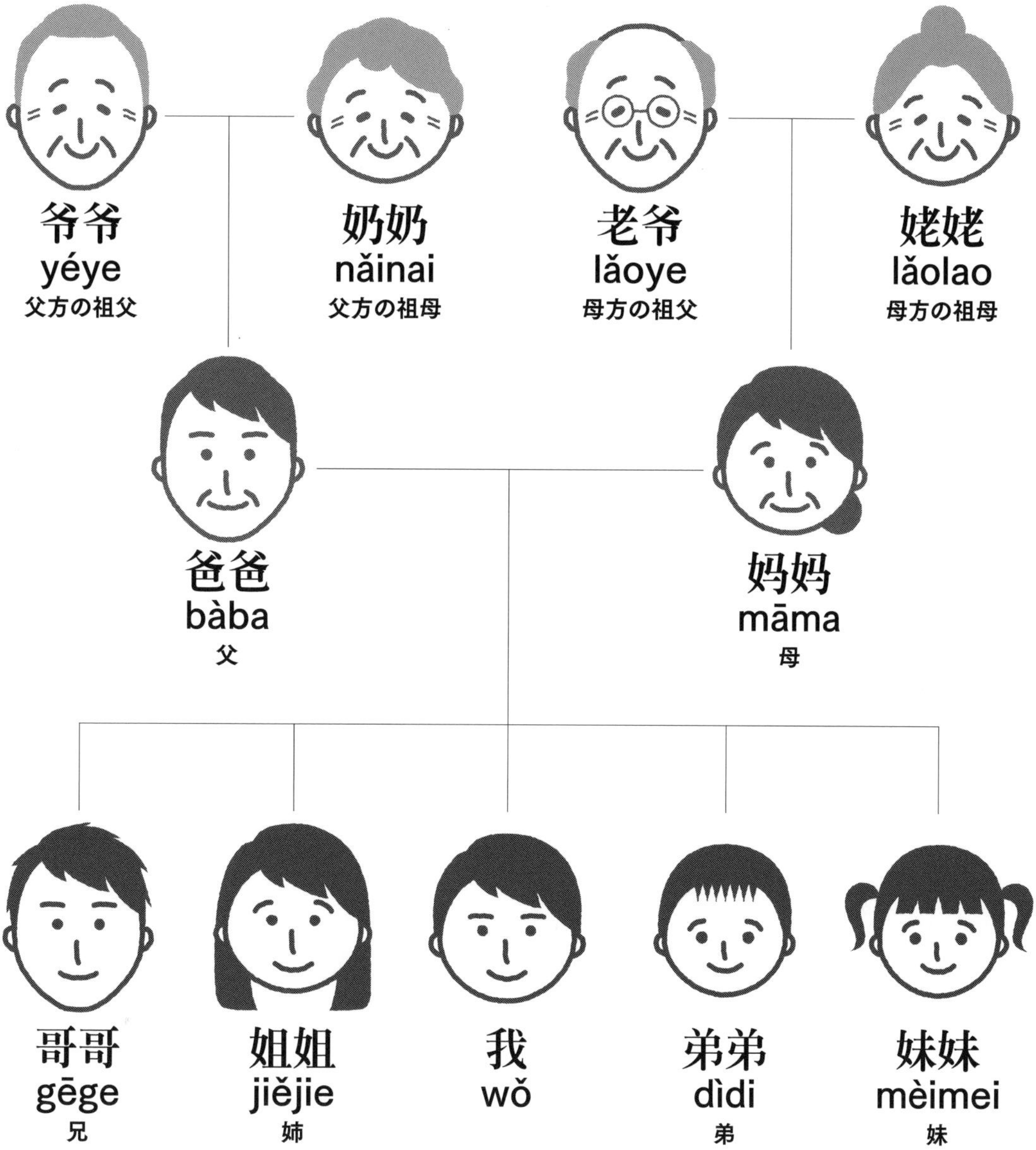

爷爷
yéye
父方の祖父
奶奶
nǎinai
父方の祖母
老爷
lǎoye
母方の祖父
姥姥
lǎolao
母方の祖母
爸爸
bàba
父
妈妈
māma
母
哥哥
gēge
兄
姐姐
jiějie
姉
我
wǒ
弟弟
dìdi
弟
妹妹
mèimei
妹

## すぐに使える中国語!

人より先に帰るときの挨拶とそれに答える言い方を覚えましょう。

袁绍: **你 有 没有 玉玺?** そなたは玉璽を持っているのか。
Yuánshào: Nǐ yǒu méiyǒu yùxǐ?

孙坚: **我 没有。** 持っておりません。
Sūnjiān: Wǒ méiyǒu.

袁绍: **我 知道。你 一定 有。** わしは知っておる。持っているはずじゃ。
Wǒ zhīdao. Nǐ yīdìng yǒu.

孙坚: **不 可能! 我 先 走 了。** あり得ません! 私はお先に失礼します。
Bù kěnéng! Wǒ xiān zǒu le.

袁绍: **您 慢 走。** 気をつけて。
Nín màn zǒu.

ややかたい言い方として

もあります。

## やってみよう！ 今日の復習

**1.〔　　〕の中の単語を並び替え、中国語を完成させましょう。**

①彼女には妹が2人います。〔**个　两　她　妹妹　有**〕

②お久しぶりです。〔**没　了　久　见　好**〕

③私は孔明扇を持っていません。〔**扇　没　孔明　我　有**〕

**2. 次の質問に中国語で答えましょう。**

**①你 有 没 有 姐姐？**

**②你 也 是 军师 吗？**

## 周瑜の名声

周瑜は、「二世三公」(二世代にわたり宰相を出す)を誇る揚州随一の家柄「盧江の周氏」の出身である。周瑜が「周郎」(周の若殿さま)と呼ばれ、演奏の最中に音を間違えると振り向く、と言われる音楽的センスを持っていたことは、名門周氏の貴公子に相応しい。『三国志』周瑜伝にも「姿貌有り」と明記される容姿端麗な名門の貴公子、それが周瑜であった。

今この周瑜が
開戦か降伏かの
最後のカギを握る
人物となった

周瑜は、ともに二喬を娶ることで孫策と結びつき、その死後は弟の孫権を支えた。孫権は、周瑜の支えを得て、江東支配を安定させることができていたのである。

# 周瑜像（赤壁市）

赤壁の文字が刻まれた古戦場「武赤壁」の山頂には、周瑜の像が立てられている。大きな像で、今も山の上から赤壁の対岸である烏林に布陣した曹操軍を見ているようである。

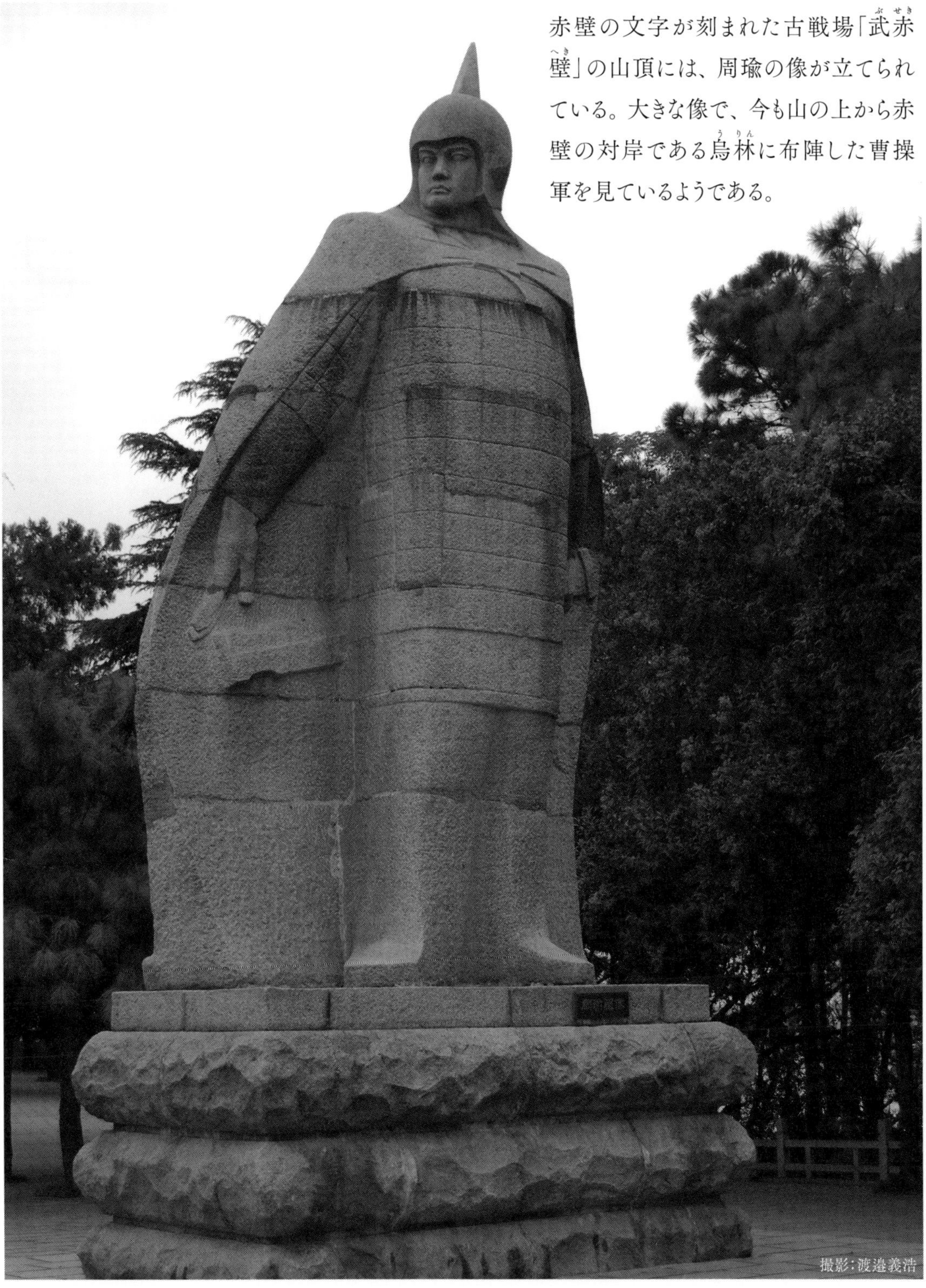

撮影：渡邉義浩

# 第七課　戦いの決意
## 决此一战　juécǐ yízhàn

孫権のもとを訪れた諸葛亮は、孫権に会う。諸葛亮は、負けると分かっていても戦った劉備を誉める一方で、戦おうとしない孫権をさげすむ。孫権は、怒って諸葛亮を追い出す。仲介者の魯粛は、オロオロと心配する。

### 場面1◉あざ笑う孔明

**周瑜：** 还是 投降 的 好，
**Zhōuyú:** Háishì tóuxiáng de hǎo,
不 能 战。
bù néng zhàn.

**鲁肃：** 对，敌军 非常 强大。
**Lǔsù:** Duì,díjūn fēicháng qiángdà.
我 觉得 投降 比较 好。
Wǒ juéde tóuxiáng bǐjiào hǎo.
你 说 呢？
Nǐ shuō ne ?

诸葛亮：**哈哈哈……！**
**Zhūgěliàng:** Hā hā hā!

**为什么 你们 都 害怕 曹操？**
Wèishénme nǐmen dōu hàipà Cáocāo？

周瑜：……。

诸葛亮：**你们 不要 担心。**
Nǐmen búyào dānxīn.

〔生词〕

▷**还是** háishì 副 やはり。
▷**投降** tóuxiáng 動 降伏する。
▷**能** néng 助動 ～できる。
▷**战** zhàn 動 戦う。
▷**敌军** díjūn 名 敵軍。
▷**很** hěn 副 とても。大変。程度の高いことを表す副詞。
▷**非常** fēicháng 副 非常に。程度がとても高いことを表す副詞。
▷**强大** qiángdà 形 強大である。強い。
▷**觉得** juéde 動 ～思う。～と感じる。
▷**比较** bǐjiào 副 わりに。比較的に。
▷**说** shuō 動 言う。話す。
▷**为什么** wèishénme 疑 なぜ。どうして。
▷**害怕** hàipà 動 怖がる。恐れる。
▷**不要** búyào 動 する必要がない。要らない。
▷**担心** dānxīn 動 心配する。案ずる。

第七課

## 場面2◎周瑜、孫権を説得する

孙权：我 军 的 士兵 多 不 多？

**Sūnquán:** Wǒ jūn de shìbīng duō bù duō ?

周瑜：不 多。但是 我们 一定 能 取胜。

**Zhōuyú:**Bù duō。Dànshì wǒmen yídìng néng qǔshèng.

孙权：为什么？

Wèishénme ?

周瑜：因为 曹军 是 北方 的 军队，不 习惯 水战。

Yīnwèi Cáojūn shì běifāng de jūnduì，bù xíguàn shuǐzhàn.

**鲁肃: 对，而且 曹军 现在 病人 很 多。**

**Lǔsù:** Duì,érqiě Cáojūn xiànzài bìngrén hěn duō.

**他们 一定 会 败。**

Tāmen yīdìng huì bài.

〔生词〕

▷**我军** wǒjūn 名 我が軍。

▷**士兵** shìbīng 名 兵隊。兵士。

▷**多** duō 形 多い。

▷**一定** yīdìng 副 きっと。必ず。

▷**取胜** qǔshèng 動 勝ちをおさめる。

▷**因为** yīnwèi 前 なぜなら。～なので。原因や理由を示す。

▷**曹军** Cáojūn 名 曹操(そうそう)軍。

▷**北方** běifāng 名 中国の北方。ここでは黄河(こうが)流域のこと。

▷**军队** jūnduì 名 軍隊。

▷**习惯** xíguàn 動 慣れる。

▷**水战** shuǐzhàn 名 水上戦。

▷**而且** érqiě 接 しかも。その上。さらに。

▷**病人** bìngrén 名 病気の人。

▷**会** huì 助動 (可能性を表す)～するであろう。～するはずだ。

▷**败** bài 動 (戦争や勝負に)敗れる。負ける。

▷**孙权** Sūnquán 名 孫権。呉(ご)の初代君主。江東(こうとう)に割拠して、呉を建国する。

第七課

## ここを押さえよう! 学習のポイント

### 1 形容詞述語文

**(1)肯定文**

「赤兎馬は馬です」という日本語を中国語にしてみましょう。[馬:马 mǎ]

**赤兔马 是 马。** Chìtùmǎ shì mǎ.

動詞の"是"を述語として使います。この"是"は「です」の部分を表しています。
次に、「赤兎馬は赤いです」という日本語を中国語にします。[赤い:红 hóng]

**赤兔马 很 红。** Chìtùmǎ hěn hóng.
(赤兔马=主語、红=述語)

日本語の中に「です」が入っていても、この文章を中国語にする場合には、"是"は要りません。

× **赤兔马 是 红。**

形容詞の"红"(赤い)が述語となっているからです。このような文を形容詞述語文と言います。
形容詞述語文には、いくつかの注意点があります。

①"是"をつけない。
②形容詞述語文の肯定形の場合、形容詞の前に程度を表す副詞が必要。

**敌军 非常 强大。** Díjūn fēicháng qiángdà.(敵軍はかなり強い)

③形容詞の意味を特に強調する必要がないのであれば、形容詞の前に"很"をつけます。

☆おかざりの"很"

"很"は、「とても」という程度を表す副詞ですが、形容詞述語文の肯定形にある"很"は、強く発音しない限り、「とても」という意味を表しません。

**白龙 很 白。** Báilóng hěn bái. 白龍は白い。

**白龙 很 白。** Báilóng hěn bái. 白龍はとても白い。(“很”を強く発音)

### ☆対比の意味を持つ

形容詞述語文の肯定形に“很”あるいは、その他の程度を表す副詞がない場合、その中国語は間違っているのではなく、違う意味を表す文になります。
テキストの本文を例に見てみましょう。本課［**場面1**］で、周瑜は、

**投降 的 好，不 能 战。**（降参するのはいいが、戦うことはできない）

と言っています。“投降的好”は、形容詞述語文の肯定形です。このように、程度を表す副詞が何もないときは、後に文が続きます。また、多くの場合、「○○は、～だが、△△は、～だ」という事柄を対比する文として使われます。

**张飞 个子 高，陈珪 不 高。**（張飛は背が高いが、陳珪は低い）［个子 gèzi：背たけ］
Zhāngfēi gèzi gāo,Chénguī bù gāo.　［高 gāo：（背などが）高い］

単に張飛の背が高いことだけを言いたいのであれば、

**张飞 个子 很 高。**（張飛は背が高い）
Zhāngfēi gèzi hěn gāo.

となります。

**(2)疑問文**

① 文末に“吗”をつけます。

**张飞 个子 高 吗?**
Zhāngfēi gèzi gāo ma?（張飛は背が高いですか）

② 肯定形と否定形を重ねる反復疑問文にします。

**张飞 个子 高 不 高?**
Zhāngfēi gèzi gāo bù gāo?（張飛は背が高いですか）

第七課

### (3)否定文

否定は、形容詞の前に“不”を置きます。

**赤兔马 不 白。**（赤兎馬は白くありません）
Chìtùmǎ bù bái.

## 2 省略疑問文

話を省略してたずねる言い方です。日本語の「～は?」にあたります。

**我 是 徐州人。你 呢?**（私は徐州（じょしゅう）の人間です。あなたは?）
Wǒ shì Xúzhōurén. Nǐ ne?

**他 不 是 病人。你 呢?**（彼は病気ではありません。あなたは?）
Tā bú shì bìngrén. Nǐ ne?

## すぐに使える中国語!

体の状態を訴える中国語を覚えましょう。

医生〔华佗〕: **你 怎么 了?**　どうされましたか?
yīshēng〔Huátuó〕: Nǐ zěnme le ?

曹操: **我 头疼。**　頭痛がします。
Cáocāo: Wǒ tóuténg.

程昱: **肚子 疼。**　腹痛です。
Chéngyù: Dùzi téng.

孙权: **发烧 了。**　熱が出ました。
Sūnquán: Fāshāo le.

许褚: **饿 了。**　腹が減った。
Xǔchǔ: È le.

## やってみよう! 今日の復習

**1.〔　　〕の中の単語を並び替え、中国語を完成させましょう。**

①曹操軍は強い。〔**强大　很　曹军**〕

②あなたはどうして言わないのですか?〔**说　不　为什么　你**〕

③趙子龍(ちょうしりょう)は胆(きも)が大きいが、孟達(もうたつ)は胆が小さい。

［大きい：大 dà］［小さい：小 xiǎo］［孟達：孟达 mèngdá］

〔**小　胆子　孟达　大　胆子　赵子龙**〕

第七課

**2.次の中国語にピンインをつけ発音してみましょう。**

**①习惯**

**②觉得**

**③现在**

## 「天下三分の計」

三顧の礼を受けた諸葛亮が、漢による天下の再統一への基本方針として示したものが「草廬対(隆中対)」である。

「草廬対」は、よく「天下三分の計」と言われるが、三分は手段であって目的ではない。曹操は強く、単独では当たれないので孫権と結び、とりあえず天下三分の形を作る。しかし、荊州と益州からそれぞれ洛陽と長安を取り、曹操を滅ぼす。その後には、言及していないが、もちろん孫権を滅ぼして漢による天下の統一を復興する。つまり、諸葛亮の草廬対は、漢による天下統一策なのである。

これは当時において、きわめて常識的な戦略であった。漢は、これまでに一度、王莽によって滅ぼされている。これを前漢という。光武帝劉秀は、漢の復興を唱えて黄河の北に拠点をつくり、洛陽と長安を取り、蜀の公孫述を滅ぼし、天下を統一して漢を中興した。これが後漢である。それとは逆のルートになるが、華北を曹操が掌握し、長江下流域に孫権がいる以上、残った荊州と益州を拠点として、洛陽と長安を取ろうとするのは、他に選択肢が思い浮かばないほど、当たり前の戦略であった。それ以上に、「草廬対」は、後漢の国教である儒教が掲げる大原則、「聖漢の大一統(漢による中国統一)」に忠実である。これを無視して「天下三分」を目的とする魯肅の策が革新であれば、「草廬対」は保守本流の王道であった。

# 隆中三顧堂

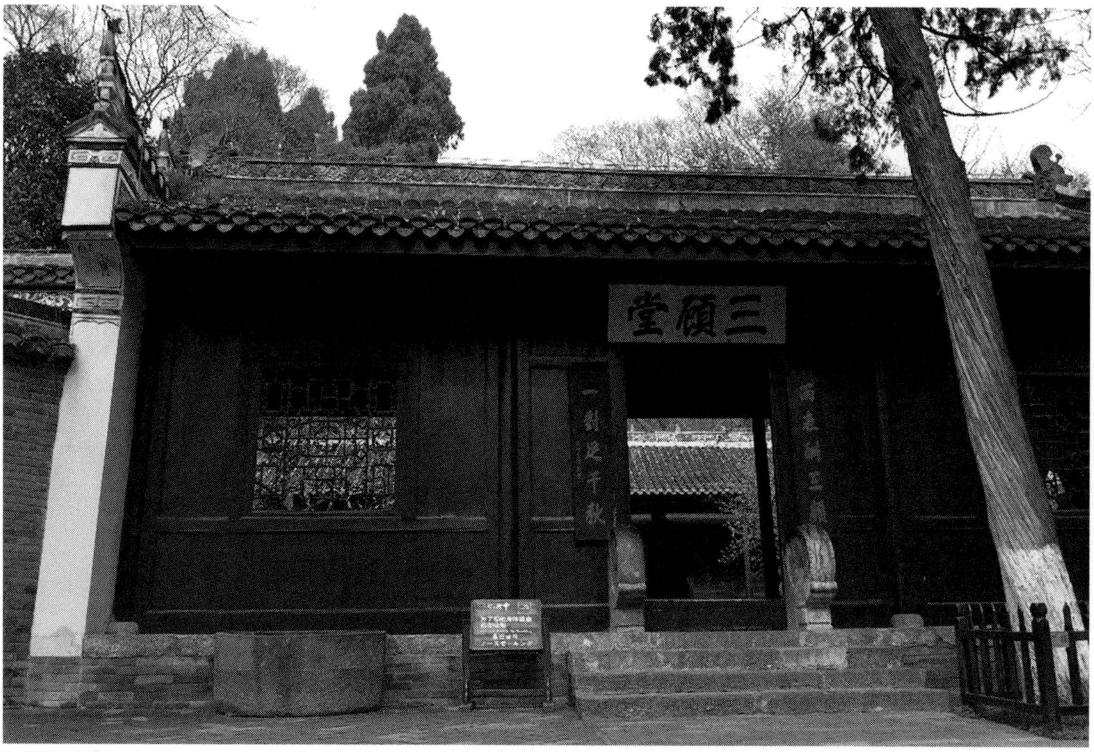


撮影：渡邉義浩

諸葛亮が起居していた隆中には劉備が訪れたという三顧堂が再現されている。南陽にも諸葛亮の居住地とする観光地があるが、現在の湖北省襄陽市にある古隆中こそ、諸葛亮の旧居である。

第八課

# 蒋幹 書を盗む

# 蒋干偷书 jiǎnggàn tōu shū

諸葛亮の説得もあり、孫権も曹操と戦う決意を固め、周瑜に水軍をまかせる。緒戦で曹操軍に勝利した呉の水軍は、赤壁に駐屯する。曹操は、赤壁の対岸の烏林に陣を置いた。膠着状況のなか、曹操からスパイとして、周瑜の友人の蒋幹が送り込まれる。

## 場面1◉スパイ蒋幹

兵士：你 是 谁？

**Bīngshì:** Nǐ shì shéi?

蒋干：周都督 在 这儿 吗？

**Jiǎnggàn:** Zhōudūdu zài zhèr ma?

我 是 他 的 老朋友。我 叫 蒋干。

Wǒ shì tā de lǎopéngyou.Wǒ jiào Jiǎnggàn.

兵士：老朋友？好，您 稍 等。

Lǎopéngyou? Hǎo,nín shāo děng.

周瑜：蒋干 在 那儿 吗？ 他 为什么 来 这儿 呢？

**Zhōuyú:** Jiǎnggàn zài nàr ma? Tā wèishénme lái zhèr ne?

啊！我 明白 了。

Ā! Wǒ míngbái le.

〔生词〕

▷**谁** shéi 疑 だれ。

▷**都督** dūdu 名 将軍号に加えられる称号。他の将軍を指揮する権限を持つ。

▷**在** zài 動 いる。ある。

▷**这儿** zhèr 名 ここ。

▷**老朋友** lǎopéngyou 名 古くからの友達。

▷**蒋干** Jiǎnggàn 名 蔣幹。周瑜の友人。曹操のスパイとして呉の陣営に乗り込む。

▷**稍** shāo 副 やや。ちょっと。少し。

▷**等** děng 動 待つ。

▷**那儿** nàr 名 そこ。あそこ。

▷**来** lái 動 来る

▷**啊** ā 感 おお。あ。

▷**明白** míngbái 動 分かる。理解する。承知する。

蒋干: **嗯？这是什么？**

**Jiǎnggàn:** Ńg? Zhè shì shénme?

**这是谁写的信？**

Zhè shì shéi xiě de xìn?

**哎呀！这封信是蔡瑁写的。**

Āiyā! Zhè fēng xìn shì Càimào xiě de.

**【第二天】**

兵士: **周都督，早上好！**

**Bīngshì:** Zhōudūdu,zǎoshang hǎo!

**你要不要吃早饭？**

Nǐ yào bu yào chī zǎofàn?

周瑜: **不要吃。昨天晚上我喝太多了。**

**Zhōuyú:** Bú yào chī. Zuótiān wǎnshang wǒ hē tài duō le.

**蒋干去哪儿了？**

Jiǎnggàn qù nǎr le?

兵士: **不知道。**

Bù zhīdao.

太史慈: **周都督，他走了。我们的计划成功了。**

**Tàishǐcí:** Zhōudūdu, tā zǒu le. Wǒmen de jìhuà chénggōng le.

〔生词〕

▷ **嗯** ńg 感（疑問を持って、訝しんで）おや。ん。

▷ **写** xiě 動 書く。記す。

▷ **信** xìn 名 手紙。

▷ **封** fēng 量 手紙などを数える量詞。～通。

▷ **早上** zǎoshang 名 朝。

▷ **要** yào 助動 ～したい。～するつもり。

▷ **吃** chī 動 食べる。

▷ **早饭** zǎofàn 名 朝食。

▷ **昨天** zuótiān 名 きのう。

▷ **晚上** wǎnshang 名 よる。晩。

▷ **喝** hē 動 飲む。

▷ **去** qù 動 行く。去る。

▷ **哪儿** nǎr 疑 どこ。

▷ **计划** jìhuà 名 計画。

▷ **成功** chénggōng 動 成功する。

▷ **太史慈** Tàishǐcí 名 太史慈（たいしじ）。孫権の武将。義に篤く、孫策（そんさく）の時より仕えた。

第八課

## ここを押さえよう! 学習のポイント

### 1 指示詞

人や事物を指す言葉を指示詞と言います。

| 近称 | 遠称 | 疑問 |
|---|---|---|
| これ | それ・あれ | どれ・どの |
| **这** zhè<br>**这个** zhège／zhèige | **那** nà<br>**那个** nàge／nèige | **哪** nǎ<br>**哪个** nǎge |
| これら | それら・あれら | どれら |
| **这些** zhèxiē | **那些** nàxiē | **哪些** nǎxiē |

＊"这个"、"那个"には、発音の仕方が2つあります。

＊目的語にできるのは、"这个""那个"のみです。

〇　**我 要 这个。**　Wǒ yào zhège.（私はこれが欲しいです）

×　**我 要 这。**

### 2 場所詞

「ここ」「あそこ」「どこ」という位置を表す中国語を覚えましょう。

| 近称 | 遠称 | 疑問 |
|---|---|---|
| ここ | そこ・あそこ | どこ |
| **这儿** zhèr<br>**这里** zhèli | **那儿** nàr<br>**那里** nàli | **哪儿** nǎr<br>**哪里** nǎlǐ |

## 3 「存在」を表す動詞“在”

「～は・・・にいる/・・・ある」という表現には、動詞の“在”を使います。

**人・物　＋　“在”　＋　場所**

(1)**肯定文**

**曹操 在 那儿。** Cáocāo zài nàr.（曹操はそこにいます）

**他 的 白羽扇 在 这儿。** Tā de báiyǔshān zài zhèr.（彼の白羽扇(びゃくうせん)はここにあります）

(2)**疑問文**

**他 在 哪儿?** Tā zài nǎr?（彼はどこにいますか）

**他 在 江陵。** Tā zài Jiānglíng.（彼は江陵(こうりょう)にいます）

(3)**否定文**

“在”の前に“不”を置きます。

**水镜老师 不 在 凉州。**（水鏡(すいきょう)先生は涼州(りょうしゅう)にはいません）
Shuǐjìnglǎoshī bú zài Liángzhōu.

第八課

☆「存在」を表す動詞“在”を用いた疑問文は、以下の3通りがあります。

①文末に“吗”をつけます。

**献帝 在 许都 吗?** Xiàndì zài Xǔdū ma?（献帝(けんてい)は許都(きょと)にいますか）

②肯定形と否定形を重ねることもできます。［反復疑問文］

**献帝 在 不 在 许都?** Xiàndì zài bu zài Xǔdū?（献帝は許都にいますか）

③肯定形と否定形を離すこともできます。

**献帝 在 许都 不 在?** Xiàndì zài Xǔdū bú zài?（献帝は許都にいますか）

ただし、“也”や“都”などの副詞が入っている場合は、反復疑問文は作れません。

× **献帝 也 在 不 在 许都?**

## 4 疑問詞疑問文

疑問詞の使われている疑問文を疑問詞疑問文と言います。文末に“吗”をつけません。

彼は誰ですか。
**他 是 谁?**

彼は関羽です。
**他 是 关羽。**

平叙文で聞きたい部分の位置に疑問詞を置きます。

疑問詞には次のようなものがあります。

| 日本語 | 中国語 |
|---|---|
| 何、何の | **什么** shénme |
| いつ | **什么时候** shénmeshíhou |
| 誰 | **谁** shéi |
| どこ | **哪儿/哪里** nǎr nǎlǐ |
| どのように | **怎么** zěnme |
| なぜ | **为什么** wèishénme |

あなたたちはいつ行きますか。
**你们 什么时候 走?** Nǐmen shénmeshíhou zǒu?

私たちは午後に行きます。
**我们 下午 走。** Wǒmen xiàwǔ zǒu.

彼らは何の酒を飲んでいますか。

**他们 喝 什么 酒？** Tāmen hē shénme jiǔ?

彼らは呉の酒を飲んでいます。

**他们 喝 吴国 的 酒。** Tāmen hē wúguó de jiǔ.

どうやって来たのですか。

**你 是 怎么 来 的？** Nǐ shì zěnme lái de?

馬に乗ってきました。［骑 qí：乗る］

**我 是 骑马 来 的。** Wǒ shì qímǎ lái de.

## すぐに使える中国語！

挨拶を覚えましょう。

**早上 好！** Zǎoshang hǎo! おはようございます。

**你 早！** Nǐ zǎo! おはようございます。

**晚 安。** Wǎn'ān. おやすみなさい。

**谢谢。** Xièxie. ありがとう。

**不客气。** Búkèqi. どういたしまして。

**对不起。** Duìbuqǐ. ごめんなさい。

**没关系。** Méiguānxi かまいません。

## やってみよう! 今日の復習

**1.〔　　〕の中の単語を並び替え、中国語を完成させましょう。**

①あの人は彼女の妹です。〔**的　个　是　她　人　妹妹　那**〕

②どの人が周瑜の古くからの友達ですか？〔**周瑜　人　是　老朋友　哪个　的**〕

③方天画戟は誰の武器ですか？〔**武器　谁　是　方天画戟　的**〕［方天画戟：fāngtiānhuàjǐ］

**2. 次の日本語を中国語にしましょう。**

①献帝はどちらにおいでですか？

②（感謝されて）どういたしまして。

# 太史慈について

太史慈(166～206年)は、字を子義といい、青州東莱郡黄県の人である。北海国相の孔融に評価された太史慈は、同郷の揚州刺史の劉繇に仕えた。そこで劉繇を攻めるため、偵察に出ていた孫策と一騎討ちをしたが、決着はつかなかった。劉繇が敗退し、捕らえられると、太史慈の評判を聞いていた孫策は縛めを解き、折衝中郎将に任じた。劉繇が病死すると、太史慈は残兵を集めると言って、孫策のもとを離れた。裏切りを指摘する声もあったが、約束を守り兵を集めて戻り、建昌都尉に任じられた。自分を信頼してくれた孫策の「侠」に、約束を守ることで応えたのである。

見ろ 三千の精鋭を集めて帰ってきおった
……
若いながら太史慈という人物を見抜いた孫策は偉かった だがそれに応えた太史慈も立派だった

太史慈は、こののち、劉表軍の劉磐の侵攻を防ぎ、黄祖の討伐などに功績を挙げ、孫策、さらには孫権からも重用された。曹操は太史慈の噂を聞いて、臣下に迎えたいと考え、「当帰」(まさに〈青州に〉帰るべしという意味)という名の薬草を贈り、好条件で誘った。もちろん太史慈は、拒否して戻ることはなかった。建安十一(二〇六)年に四十一歳で病死した。

陳寿は、『三国志』に評をつけて、信義を守ることに一身をかけ、古の人々に変わらぬ操行を持した、と述べている。

第八課

# 第九課　十万本の矢

## 草船借箭　cǎochuánjièjiàn

蔣幹を利用することで、曹操の水軍を指揮していた蔡瑁を始末した周瑜は、曹操軍よりも自軍に迎えている諸葛亮の智謀を警戒する。

周瑜は、諸葛亮を合法的に処刑するために、3日間に十万本の矢を造ることを約束させる。

### 場面1◉周瑜からの要求

**周瑜:** 现在 我们 箭 很 少，
你 能 不 能 造 十 万 支 箭？

**Zhōuyú:** Xiànzài wǒmen jiàn hěn shǎo,
nǐ néng bù néng zào shíwàn zhī jiàn?

**诸葛亮:** 能。

**Zhūgěliàng:** Néng.

**周瑜:** 十天 之内。
Shítiān zhī nèi.

**诸葛亮:** 今天 几月 几号？
Jīntiān jǐyuè jǐhào?

**鲁肃:** 今天 十一月 二号。

**Lǔsù:** Jīntiān shíyīyuè èrhào.

**诸葛亮:** 今天 星期 几？
Jīntiān xīngqī jǐ?

鲁肃: **星期 三。**

Xīngqī sān.

诸葛亮: **好。我 三天 就 够 了。**

Hǎo. Wǒ sāntiān jiù gòu le.

周瑜: **真 的 吗？**

Zhēn de ma?

〔生词〕

- **箭** jiàn 名 矢。
- **少** shǎo 形 少ない。
- **造** zào 動 作る。製造する。
- **支** zhī 量 棒状の物を数える量詞。～本。
- **天** tiān 名 日。
- **之内** zhīnèi 方 ～の内に。以内。
- **今天** jīntiān 名 今日。
- **星期** xīngqī 名 週。曜日。
- **星期三** xīngqīsān 名 水曜日。
- **三天** sāntiān 名 3日
- **就** jiù 副 ～ならば…だ。結論を示す副詞。
- **够** gòu 動 足りる。十分だ。
- **真的** zhēnde 副 本当の。

第九課

## 場面2⊙矢を集めに

**诸葛亮：** 鲁子敬，你 喜欢 坐 船 吗？

**Zhūgěliàng:** Lǔzǐjìng,nǐ xǐhuan zuò chuán ma?

**鲁肃：** 喜欢。你 会 划 船 吗？

**Lǔsù:** Xǐhuan. Nǐ huì huá chuán ma?

**诸葛亮：** 我 不 会 划 船。

Wǒ bú huì huá chuán.

我们 上 船 吧。

Wǒmen shàng chuán ba.

我们 一起 去 取 箭。

Wǒmen yīqǐ qù qǔ jiàn.

**鲁肃：箭 在 哪里？**

Jiàn zài nǎlǐ?

**诸葛亮：到 时候 你 就 知道 了。**

Dào shíhou nǐ jiù zhīdao le.

〔生词〕

- ▷**喜欢** xǐhuan 動 好き。
- ▷**坐** zuò 動（乗り物に）乗る。
- ▷**船** chuán 名 船。
- ▷**会** huì 助動 ～できる。
- ▷**划** huá 動（舟を）こぐ。
- ▷**上** shàng 動 上がる。（乗り物に）乗る。
- ▷**取** qǔ 動 取る。
- ▷**到时候** dàoshíhou 慣用語 その時になって。その時になれば。
- ▷**就** jiù 副 すぐに。じきに。時間的に早いことを表す。

第九課

火
火
まったく
同じ考えで
ございましたな
ははははは
はっはははは

## ここを押さえよう！ 学習のポイント

### 1 助動詞“会”と“能”

中国語の「～ができる」という表現は、学んで修得した結果できるようになるものと、条件的に整っていてできるものとで、使われる助動詞が違います。

**“会”＋動詞**（技術などを学び、修得して）**～できる**

**［肯定文］**

**我 会 说 汉语。** Wǒ huì shuō Hànyǔ.（私は中国語を話せます）

**［否定文］**

**我 不 会 说 广东话。** Wǒ bú huì shuō Guǎngdōnghuà.（私は広東語が話せません）

**［疑問文］**

**你 会 说 上海话 吗？** Nǐ huì shuō Shànghǎihuà ma?（あなたは上海語が話せますか）

**你 会 不 会 说 上海话？** Nǐ huì bú huì shuō Shànghǎihuà?（あなたは上海語が話せますか）

答える時は、

**会。** huì できる／**不会。** búhuì できない

**会说。** huìshuō 話せる／**不会说。** búhuìshuō 話せない

となります。

**“能”＋動詞**（条件や能力が備わって）**～できる**



第九課

［肯定文］

**刘备 能 来 汉中。**（劉備は漢中へ来ることができます）
Liúbèi néng lái Hànzhōng.

［否定文］

**周瑜 发烧 了，今天 不 能 来。**（周瑜は熱を出し、今日は来られません）
Zhōuyú fāshāo le, jīntiān bù néng lái.

［疑問文］

**刘备 能 来 汉中 吗？**（劉備は漢中へ来ることができますか）
Liúbèi néng lái Hànzhōng ma?

**刘备 能 不 能 来 汉中？**（劉備は漢中へ来ることができますか）
Liúbèi néng bù néng lái Hànzhōng?

—— **能。他 能 来 汉中。**（できます。彼は漢中へ来られます）
Néng。Tā néng lái Hànzhōng.

**不 能 来。他 非常 忙。**（来られません。彼はすごく忙しいのです）
Bù néng lái。Tā fēicháng máng.

## 2 連動文

「～しに行く」「～しに来る」という表現です。
日本語では、「図書館へ本を見に行く」という行動について、

A. 本を見に図書館へ行く
B. 図書館へ行って本を見る

と「本を見る」動作と「図書館へ行く」動作のどちらを先に出しても通じます。しかし、中国語では、動作の発生順に動詞を並べていきます。

**我 去 图书馆 看 书。**（本を見に図書館へ行く）
Wǒ qù túshūguǎn kàn shū.

このような動作の行われる順に2つの動詞が現れる文のことを連動文と言います。

**我 去 关羽 家 骑 赤兔马。**（私は赤兎馬に乗りに関羽の家へ行きます）
Wǒ qù Guānyǔ jiā qí Chìtùmǎ.

**鲁肃 来 江夏 商议。**（魯粛は討議しに江夏へ来ます）
Lǔsù lái Jiāngxià shāngyì.

## 3 月日と曜日の言い方

**⊙曜日の言い方**

| 月曜 | 火曜 | 水曜 | 木曜 | 金曜 | 土曜 | 日曜 |
|---|---|---|---|---|---|---|
| 星期一<br>xīngqīyī | 星期二<br>xīngqīèr | 星期三<br>xīngqīsān | 星期四<br>xīngqīsì | 星期五<br>xīngqīwǔ | 星期六<br>xīngqīliù | 星期天<br>xīngqītiān<br>星期日<br>xīngqīrì |

今天 星期几？ Jīntiān xīngqī jǐ?（今日は何曜日ですか）

今天 星期四。 Jīntiān xīngqī sì.（今日は木曜日です）

| 先週 | 今週 | 来週 |
|---|---|---|
| 上 星期<br>shàng xīngqī<br>上个 星期<br>shàngge xīngqī | 这 星期<br>zhè xīngqī<br>这个 星期<br>zhège xīngqī | 下 星期<br>xià xīngqī<br>下个 星期<br>xiàge xīngqī |

第九課

### ⊙月の言い方

一月 yīyuè　二月 èryuè　三月 sānyuè　四月 sìyuè

五月 wǔyuè　六月 liùyuè　七月 qīyuè　八月 bāyuè

九月 jiǔyuè　十月 shíyuè　十一月 shíyīyuè　十二月 shí'èryuè

### ⊙日にちの言い方

| | | | | | | | |
|---|---|---|---|---|---|---|---|
| 一号 | 二号 | 三号 | 四号 | 五号 | 六号 | 七号 | 八号 |
| yīhào | èrhào | sānhào | sìhào | wǔhào | liùhào | qīhào | bāhào |

| | | | |
|---|---|---|---|
| 九号 | 十号 | 十一号 | 十二号 …… |
| jiǔhào | shíhào | shíyīhào | shí'èrhào |

| | | | | | |
|---|---|---|---|---|---|
| 二十号 | 二十二号 | 二十三号 | …… | 三十号 | 三十一号 |
| èrshíhào | èrshíèrhào | èrshísānhào | | sānshíhào | sānshíyīhào |

今天 几月 几号？ Jīntiān jǐyuè jǐhào?（今日は何月何日ですか）

今天 七月 二十二号。 Jīntiān qīyuè èrshíèr hào.（今日は7月22日です）

### ⊙その他の時を表す言葉

| きのう | 今日 | あした |
|---|---|---|
| 昨天 zuótiān | 今天 jīntiān | 明天 míngtiān |

| 去年 | 今年 | 来年 |
|---|---|---|
| 去年 qùnián | 今年 jīnnián | 明年 míngnián |

曜日や時間を表す語は、動詞や形容詞などの述語の前であれば、主語の前に置いても構いません。
［友達：朋友 péngyou］

**我们 明天 去 朋友 家。**（私たちは明日友達の家へ行きます）
Wǒmen míngtiān qù péngyou jiā.

**明天 我们 去 朋友 家。**（明日私たちは友達の家へ行きます）
Míngtiān wǒmen qù péngyou jiā.

## すぐに使える中国語！

レストランでの会話です。

服务员：**欢迎 光临。几 位？**　いらっしゃいませ。何名様ですか。
Fúwùyuán: Huānyíng guānglín. Jǐwèi?

刘备：**三 个 人。**　3人です。
Liúbèi: Sān ge rén.

服务员：**这 是 菜单。**　こちらがメニューです。
Zhè shì càidān.

关羽：**你 先 看看 吧。**　兄貴さきにちょっと見てくれ。
Guānyǔ: Nǐ xiān kànkan ba.
＊動詞の重ね型については、第11課「2　動詞の重ね型」で説明しています。

刘备：**谢谢，云长。**　ありがとう、雲長。
Xièxie, Yúncháng.

刘备：**翼德！你 吃 什么？**　翼徳よ、おまえは何を食べるか。
Yìdé! Nǐ chī shénme?

张飞：**我 有 酒 就 好。**
おれは酒さえ飲めればいいぜ。
Zhāngfēi: Wǒ yǒu jiǔ jiù hǎo.

それは義兄弟の誓いをする盃でもあり
主従の誓いをする盃でもあった
人はこれを桃園の誓いと呼んだ

第九課

## やってみよう！ 今日の復習

**1.〔　　〕の中の単語を並び替え、中国語を完成させましょう。**

①曹操は上海語が話せません。〔**说　不　曹操　上海话　会**〕

②今日は5月6日ではありません。〔**六号　不　今天　五月　是**〕

③魯粛はお茶を飲みに諸葛亮の家へ行きます。[お茶:茶 chá]〔**喝　家　鲁肃　孔明　茶　去**〕

**2. 次の質問に中国語で答えましょう。**

**①你 的 生日 几月 几号?**

**②明天 星期 几?**

# 漢中の重要性

益州（蜀）と関中（長安を中心とする渭水盆地）を結ぶ漢中の地は、黄忠の活躍により、劉備の支配下に置かれる。

劉備の祖先となる前漢の高祖劉邦は、秦の都である咸陽を陥落させ、一時は関中を支配下に入れた。しかし、覇王の項羽により、漢中に追われ、漢王とされた。そこから劉邦は、東進して垓下の戦いで項羽を討って、前漢を建国した。漢中は、劉邦の祖業の地なのである。そこの王になることは、漢室復興という劉備の志を成し遂げるものであった。後漢には、十三の州があり、漢中はそのなかの益州に含まれる一地域に過ぎない。しかし、漢の復興を目指す劉備にとっては、最も重要な土地であった。

やがて曹操が魏王の位に即くと、劉備は漢中王と称する。建安二十四（二一九）年のことであった。

**第十課**

# 苦肉の計

# 苦肉计　kǔròujì

諸葛亮の神算鬼謀により十万本の矢を手に入れた周瑜は、曹操軍への火攻めを計画するが、そのためには、自軍から内通者を出す必要がある。周瑜の苦衷を察した黄蓋は、苦肉の計を申し入れる。

## 場面1◉黄蓋の勇気

张昭：**周都督，等等。**

**Zhāngzhāo:** Zhōudūdu,děngděng.

**黄公覆 是 我国 的 一个 大功臣。**

Huánggōngfù shì wǒguó de yīge dàgōngchén.

**不 可以 杀 他。**

Bù kěyǐ shā tā.

周瑜：**好，那么 用 棍棒 打 他。**

**Zhōuyú:** Hǎo, nàme yòng gùnbàng dǎ tā.

**谁 打 他？**

Shéi dǎ tā?

**你 打 他 还是 我 打 他？**

Nǐ dǎ tā háishì wǒ dǎ tā?

兵士：……。

**Bīngshì:** …….

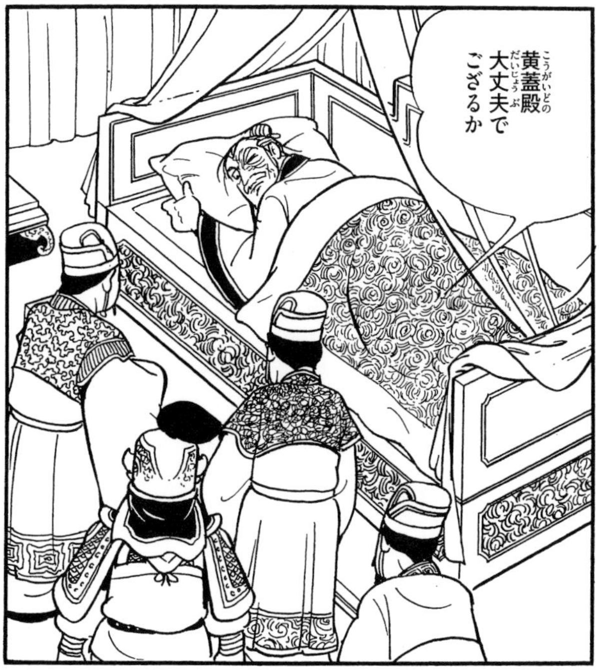


张昭: **你 身体 怎么样？**

Nǐ shēntǐ zěnmeyàng?

**你 受 了 很 多 伤。疼 不 疼？**

Nǐ shòu le hěn duō shāng. Téng bù téng?

黄盖: **没 什么。**

**Huánggài:** Méi shénme.

**麻烦 你 去 叫 一下 阚德润。**

Máfan nǐ qù jiào yīxià Kàndérùn.

阚泽: **将军，我 来 了。**

**Kànzé:** Jiāngjūn,wǒ lái le.

黄盖: **我 想 请 你 帮 一个 忙。**

Wǒ xiǎng qǐng nǐ bāng yīge máng.

阚泽: **行，你 说 吧。**

Xíng, nǐ shuō ba.

〔生词〕

▷**张昭** Zhāngzhāo 名 張昭。呉の政治家。曹操とは戦わないことを主張した。

▷**黄公覆** Huánggōngfù 名 黄蓋。呉の武将。孫堅の代から仕える老将。

▷**大功臣** dàgōngchén 名 功績が非常にある臣下。

▷**可以** kěyǐ 助動 (許可を表す)～できる。

▷**杀** shā 動 殺す。殺害する。

▷**用** yòng 前 ～で(…する)。

▷**棍棒** gùnbàng 名 こん棒。

▷**那么** nàme 接 それでは。

▷**打** dǎ 動 打つ。叩く。

▷**还是** háishì 接 それとも。

▷**身体** shēntǐ 名 からだ。身体。

▷**怎么样** zěnmeyàng 疑 (状況をたずねる)どうですか。

▷**受** shòu 動 受ける。

▷**伤** shāng 名 傷。

▷**疼** téng 形 痛い。

▷**麻烦** máfan 動 手数をかける。面倒をかける。

▷**叫** jiào 動 呼ぶ。呼びつける。

▷**阚德润** Kàndérùn 名 闞沢。徳潤は字。呉の文官。苦肉の計のため、曹操への使者となる。

▷**想** xiǎng 助動 ～したい。～したいと思う。

▷**请** qǐng 動 (人に～するように)頼む。お願いする。

▷**帮忙** bāngmáng 動 手伝う。助ける。

▷**行** xíng 形 よろしい。大丈夫だ。

## 場面2◉連環の計

庞统: **你 认识 我 吗？**

**Pángtǒng:**Nǐ rènshi wǒ ma?

徐庶: **当然 认识。你 是 庞士元 吧？**

**Xúshù :** Dāngrán rènshi. Nǐ shì Pángshìyuán ba?

庞统: **你 是 徐元直.**

Nǐ shì Xúyuánzhí.

**你 为什么 在 这儿 呢？**

Nǐ wèishénme zài zhèr ne?

徐庶: **我 全部 都 知道。**

Wǒ quánbù dōu zhīdao.

庞统: **好 厉害！**

Hǎo lìhai.

徐庶: **哪里，哪里。**

Nǎli,nǎli.

〔生词〕

▷**庞统** Pángtǒng 名 龐統。字は士元。諸葛亮の友人。のちに劉備に仕える。

▷**徐庶** Xúshù 名 徐庶の字は元直。諸葛亮の友人。母のため曹操に仕えた。

▷**认识** rènshi 動 知っている。見知っている。

▷**当然** dāngrán 副 もちろん。

▷**全部** quánbù 名 すべて（の）。全部（の）。

▷**好** hǎo 副（程度の強いことを表す）とても。本当に。

▷**厉害** lìhai 形 恐ろしい、激しい、凶暴である、などの意味を持つが、"好厉害"は「すごい」と褒める時に使われる。

▷**哪里** nǎli 常套語 褒められた時に謙遜して使う言葉。いやいや。とんでもない。

## ここを押さえよう! 学習のポイント

### 1 選択疑問文

“还是” háishìを使って、2つのどちらかを選ぶ疑問文のことを**選択疑問文**と言います。文末に“吗”はつけません。

**那 是 你 的 武器 还是 他 的 武器?**（それはあなたの武器ですか、それとも彼の武器ですか）
Nà shì nǐ de wǔqì háishì tā de wǔqì?

**孙权 喜欢 喝 咖啡 还是 喜欢 喝 绿茶?**（孫権はコーヒーが好きですか、それとも緑茶が好きですか）
Sūnquán xǐhuan hē kāfēi háishì xǐhuan hē lǜchá?

**这 个 药 是 华佗 的 还是 于吉 的?**（この薬は華佗のですか、それとも于吉のですか）
Zhè ge yào shì Huátuó de háishì Yūjí de?

### 2 兼語文 “请”の使い方

“请”には、「頼む」「招待する」という意味があり、「人に～を頼む」あるいは、「人に～をご馳走する、招待する」という文に使います。

**她 请 赵云 看 阿斗。**（彼女は趙雲に阿斗の面倒をみるよう頼む）
Tā qǐng Zhàoyún kàn Ādòu. ［看孩子 kànháizi：子供の面倒をみる］

**曹操 请 我们 吃饭。**（曹操は私たちを食事に招待する）
Cáocāo qǐng wǒmen chīfàn.

第十課

1つの文の中に、動詞が2回使われていて、最初の動詞の目的語になっている語（“赵云”と“我们”）が、後ろの動詞の主語になっています。

1つの語が、1文の中で目的語と主語を兼ねていることから、このような文を**兼語文**と言います。

## 3 実現と完了を表す“了”

中国語の“了”は、様々な意味を表します。ここでは、動作の実現と完了を表す“了”について説明します。

“了”の位置は、後ろにある目的語の形によって変わります。単純な目的語であれば“了”は文末におきます。目的語の前に数量を表す語や、修飾する言葉があれば、“了”は動詞の後ろに置きます。

**我 打 马 了。** (私は馬を叩いた)
Wǒ dǎ mǎ le.

**我 打 了 三 匹 马。** (私は三頭の馬を叩いた) [匹 pǐ:~頭、~匹]
Wǒ dǎ le sān pǐ mǎ .

**我 吃 饭 了。** (私はご飯を食べました)
Wǒ chī fàn le.

**我 吃 了 妈妈 做 的 饭。** (私はお母さんが作ったご飯を食べました) [做 zuò:作る] [饭 fàn:ご飯]
Wǒ chī le māma zuò de fàn.

本課[**場面1**]にある張昭の言葉の“你 受 了 很 多 伤”は、もし“很多”がなければ、“了”は文末にきます。

**你 受 伤 了。** (あなたは傷を負いました)
Nǐ shòu shāng le.

## 4 VO動詞

中国語の動詞の中には、動詞と目的語で構成されている動詞があります。

**帮忙** bāngmáng 手伝う、助ける

**结婚** jiéhūn 結婚する

**毕业** bìyè 卒業する

**见面** jiànmiàn 会う

**照相** zhàoxiàng 写真を撮る

これらの動詞は、VO動詞や離合詞と呼ばれます。後ろが、すでに目的語になっているため、さらに

その後ろに目的語を置くことができません。
他の成文をつける際には、順序や形が変わります。

× **刘备 结婚 孙夫人。**（劉備は孫夫人と結婚する）

○ **刘备 跟 孙夫人 结婚。** ＊“跟”gēnは、前置詞「～と」です。
Liúbèi gēn Sūnfūrén jiéhūn.

**蔡瑁 在 襄阳 照 了 很 多 相。**（蔡瑁は襄陽でたくさん写真を撮りました）
Càimào zài Xiāngyáng zhào le hěn duō xiàng.

**请 你 帮（一）个 忙。**（手伝ってもらえますか）
Qǐng nǐ bang (yī)ge máng.

“一个”には、動詞と目的語の間におき、「1回」「ちょっと」「ひとつ」という動作回数、短い動作の長さを表します。

## すぐに使える中国語！

相手を褒めるときに使う言葉です。

**真 棒！**
Zhēnbàng! すばらしい。

**真 了不起！**
Zhēn liǎobùqǐ! すごいですね。

**你 真 帅！**
Nǐ zhēn shuài! （外見を褒めて）かっこいいね。

**你 真 漂亮！**
Nǐ zhēn piàoliang! （外見を褒めて）綺麗ですね。

**你 真 有 勇气！**
Nǐ zhēn yǒu yǒngqì! 勇気があるね。

第十課

## やってみよう！ 今日の復習

**1.〔　　〕の中の単語を並び替え、中国語を完成させましょう。**

①あなたのお父さんはお元気ですか？〔**怎么样　你　身体　爸爸**〕

②曹仁(そうじん)は私に兵法書を買うよう頼んだ。[買う：买 mǎi] [兵法書：兵法书 bīngfǎshū]
〔**买　曹仁　我　兵法书　请　一本**〕

③火の字は諸葛亮が書いたのですか、劉備が書いたのですか？
〔**的　字　是　的　还是　写　刘备　火　写　的　诸葛亮**〕

**2. 次の中国語にピンインをつけ発音しましょう。**

①**全部**

②**身体**

③**帮忙**

# 黄蓋と苦肉の計

黄蓋は、赤壁の戦いの立役者である。史書によれば、火攻めは、黄蓋の提案で行われた。『三国志演義』は、火攻めの発案者を黄蓋から取り上げ、諸葛亮と周瑜に与えた。その代わりに、黄蓋に「苦肉の計」という見せ場を用意する。

南下した曹操に対抗する孫呉の周瑜は、火攻めの策を思いついたが、その実現のためには、東南の風のほかに、曹操の陣まで警戒されずに近づける偽装降伏者が必要であった。そこで黄蓋は、軍議で周瑜にわざと逆らい、杖で背中を百回打たれる杖刑に処せられた。

黄蓋が帳のなかで横になっていると、諸将が次々と見舞いに来たが、黄蓋は一言も言わず、長いため息をついてみせるだけであった。ところが、参謀の闞沢がくると、黄蓋は寝室の中に入れ、左右の者を下がらせた。闞沢に降伏の文書を届けさせるためである。こうして闞沢は、長江をわたり曹操を弁舌で翻弄した。折しも、蔡仲・蔡和から、黄蓋が折檻された情報も届き、偽降は成功する。これにより黄蓋は、赤壁の戦いで先鋒として曹操の陣を焼き払えたのである。

第十課

# 第十一課　諸葛亮 風を呼ぶ

## 诸葛祭风　zhūgě jìfēng

決戦の準備は整った。しかし、呉軍は風下で火攻めを用いることができない。冬の赤壁では、西北の風が吹くのである。あまりの事態に寝込む周瑜。周瑜を訪ねた諸葛亮は、周瑜の病気を治すことができるという。

### 場面1◉周瑜の病の理由を見抜く

**诸葛亮：我 虽然 没 有 才能，**

**Zhūgěliàng:** Wǒ suīrán méi yǒu cáinéng,

**但是 以前 学 过 奇门遁甲，**

dànshì yǐqián xué guo qíméndùnjiǎ,

**可以 呼风 唤雨。你 呢？**

kěyǐ hūfēng huànyǔ. Nǐ ne?

**周瑜：我没学过。**

**Zhōuyú:** Wǒ méi xué guo.

**当然 不 能 呼风 唤雨。**

Dāngrán bù néng hūfēng huànyǔ.

**那么 为了 我们 的 胜利，**

Nàme wèile wǒmen de shènglì,

**你 试 一 试 吧.**

nǐ shì yi shì ba.

**诸葛亮：好。**

Hǎo.

〔生词〕

▷**虽然** suīrán 接 ～ではあるけれども。

▷**才能** cáinéng 名 能力。才能。

▷**以前** yǐqián 方 前。以前。

▷**学** xué 動 学ぶ。

▷**过** guo 助 動詞＋“过”の形で、「～したことがある」という経験や、「～し終えた」というその動作をすませたことを表す。

▷**奇门遁甲** qíméndùnjiǎ 名 本来は占いの方法。本課コラムを参照。

▷**呼风** hūfēng 動 風を呼ぶ。

▷**唤雨** huànyǔ 動 雨を呼ぶ。

▷**那么** nàme 接 それでは。

▷**为了** wèile 前 ～のために。

▷**胜利** shènglì 動 勝利する。勝つ。

▷**试** shì 動 試す。

**鲁肃:** 周都督，都督！你 快 起来。

**Lǔsù:** Zhōudūdu,dūdu! Nǐ kuài qǐlái.

起 风 了。起 了 东南 风。

Qǐ fēng le. Qǐ le dōngnán fēng.

**兵士:** 起 风 了！太 好 了。

**Bīngshì:** Qǐ fēng le! Tài hǎo le.

**鲁肃: 好 极 了。我们 一定 能 取得 胜利。**

Hǎo jí le.Wǒmen yīdìng néng qǔdé shènglì.

**周瑜: 不 敢 相信。孔明 是 人 还是 妖怪？**

**Zhōuyú:** Bù gǎn xiāngxìn.Kǒngmíng shì rén háishì yāoguai?

〔生词〕

▷**起来** qǐlái 動 起き上がる。

▷**极了** jíle とても。すこぶる。形容詞や動詞の後ろにつけて、その程度が高いことを表す。

▷**取得** qǔdé 動 得る。獲得する。手にいれる。

▷**不敢** bùgǎn 助動 (勇気がなくて)とても〜できない。

▷**相信** xiāngxìn 動 信じる。

▷**妖怪** yāoguai 名 化け物。妖怪。

## ここを押さえよう! 学習のポイント

### 1 経験を表す"过"

「～したことがある」という経験を表す時は、動詞の後ろに"过"guoをつけます。

私は見たことがある。

**我 看 过。** Wǒ kàn guo.

私は関羽(かんう)の赤兎馬(せきとば)を見たことがあります。

**我 看 过 关羽 的 赤兔马。** Wǒ kàn guo Guānyǔ de Chìtùmǎ.

「～したことがない」と否定する場合には、経験を示す「動詞＋"过"」の前に、"没"méiあるいは、"没有" méiyǒuをつけます。

彼は趙雲(ちょううん)の白龍(はくりゅう)を見たことがありません。

**他 没（有）看 过 赵云 的 白龙。**

Tā méi(yǒu)kàn guo Zhàoyún de Báilóng.

私は「短歌行」を吟じたことがありません。

**我 没 吟诵 过 '短歌行'。**

Wǒ méi yínsòng guo 'Duǎngēxíng'.

疑問文は、文末に"吗"を用いる他、反復疑問文の形にします。

あなたは曹仁(そうじん)の八門金鎖の陣を見たことがありますか？

**你 看 过 曹仁 的 八门金锁阵 吗?**

Nǐ kàn guo Cáorén de bāménjīnsuǒzhèn ma?

**你 看 过 曹仁 的 八门金锁阵 没有?**

Nǐ kàn guo Cáorén de bāménjīnsuǒzhèn méiyǒu?

**你 看 过 没 看 过 曹仁 的 八门金锁阵?**

Nǐ kàn guo méi kàn guo Cáorén de bāménjīnsuǒzhèn?

答えるときは、Yesならば“看过”kànguo、Noならば“没看过”méikànguoとなります。

## 2 動詞の重ね型

動詞を重ねると「ちょっと～する」「試しに～してみる」という意味を表します。後ろの動詞は軽声で発音します。1音節の動詞であれば、間に“一”を入れることもできます。また、動詞の後ろに“一下”（ちょっと）をつけても同じ意味を表します。

次の3つの文章は、すべて「あなたちょっと見てください」という意味です。

**你 看看。** Nǐ kànkan.

**你 看 一 看。** Nǐ kàn yi kàn.

**你 看 一下。** Nǐ kàn yīxià.

## すぐに使える中国語！

久しぶりに会った友人に対して……

**最近 怎么样？**
Zuìjìn zěnmeyàng?　最近、どうですか？

**一切 都 很 好。**
Yīqiè dōu hěn hǎo.　すべて順調ですよ。

**还是 老样子。**
Háishì lǎoyàngzi.　いつもと変わらないです。

第十一課

## やってみよう! 今日の復習

**1.〔　　〕の中の単語を並び替え、中国語を完成させましょう。**

①劉琮は許都へ行ったことがありますか？[劉琮：刘琮 Liúcóng] [許都：许都 Xǔdū]
〔**许都　过　吗　去　刘琮**〕

②于吉は風と雨を呼ぶことができますか？[于吉：于吉 Yūjí]
〔**呼风　于吉　不　能　能　唤雨**〕

③ちょっと見に行ってみます。〔**看　去　看　我**〕

**2. 次の中国語にピンインをつけ発音しましょう。**

①**相信**

②**虽然**

③**胜利**

# 奇門遁甲

奇門遁甲とは、本来は中国の占術である「式占」の一種である。奇門遁甲の創始伝説によると黄帝が蚩尤と戦っていた時に天帝から授けられたとされる。それが周の太公望や前漢の張良を経て、諸葛亮に伝わったものという。『三国志演義』では、奇門遁甲を用いた八陣(八卦の陣)、縮地の法(瞬間移動)、六甲・六丁(神人)の使役などが描かれる。

『奇門遁甲』では、魔方陣として表現される九宮の真ん中を五とし、四面の八方を八門にあてる。九宮とは、洛水に浮かび出た神亀の背中に描かれていた洛書の九宮図に基づく思想である。洛書の九宮図は、縦・横・斜めの総和が十五になる魔方陣で、『易緯乾鑿度』とその鄭玄注にある太一九宮の法に基づく。

八門とは、休門・生門・傷門・杜門・景門・死門・驚門・開門であり、各門は、北・北東・東・南東・南・南西・西・北西という八つの方位に配当される。八門は、休門・生門・景門・開門が吉であり、傷門・杜門・死門・驚門が凶であるが、『演義』はもう少し複雑に、生門・景門・開門から攻め込むと吉、傷門・驚門・休門から攻め込むと傷つき、杜門・死門から攻め込むと滅亡する、と設定している。

第十一課

# 第十二課 赤壁の戦い

## 赤壁之战 chìbìzhīzhàn

諸葛亮が拝風台で風を祈ると、東南の風が吹き始める。周瑜は諸葛亮を恐れ、殺害を命じるが、趙雲と共に諸葛亮は劉備のもとに戻る。

魯粛に促された周瑜は、東南の風に乗って曹操軍を焼き払うべく、先方の黄蓋に出陣を命じた。

### 場面1 ◉ 曹操の誤算

**曹操:** 看 得 见 旗子 吗？

**Cáocāo:** Kàn de jiàn qízi ma?

**兵士:** 看 得 见。

**Bīngshì:** Kàn de jian.

**曹操:** 什么 颜色 的？

Shénme yánsè de?

**兵士:** 蓝色 的。

Lánsè de.

**曹操**: **好。那就是黄盖的船。**

Hǎo.Nà jiù shì Huánggài de chuán.

**程昱**: **丞相！不行，不行，快逃，快逃！**

**Chéngyù:**Chéngxiàng! Bùxíng, bùxíng, kuài táo, kuài táo!

**曹操**: **确实是很奇怪。快撤，快撤！**

Quèshí shì hěn qíguài. Kuài chè, kuài chè!

〔生词〕

- 看得见 kàndejiàn 動 見える。
- 旗子 qízi 名 旗。
- 颜色 yánsè 名 色。
- 蓝色 lánsè 名 青色。
- 不行 bùxíng 形 よくない。ダメだ。
- 逃 táo 動 逃げる。
- 确实 quèshí 副 確かに。間違いなく。
- 奇怪 qíguài 形 奇妙である。変である。
- 撤 chè 動 引き揚げる。

第十二課

**四面 都 变成 了 火海。**

Sìmiàn dōu biànchéng le huǒhǎi.

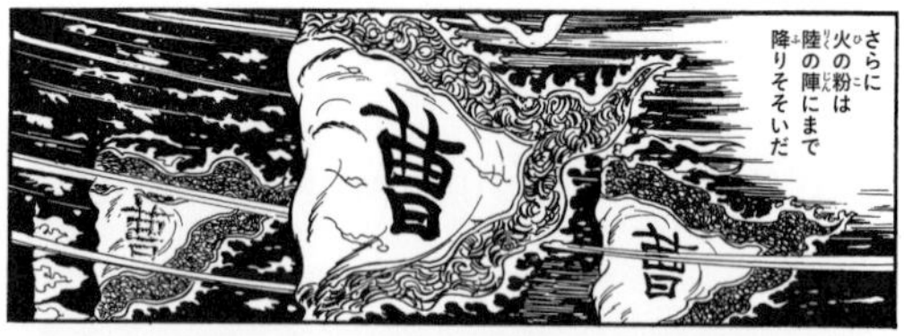


**东南风 一起，**

Dōngnánfēng yīqǐ,

**火势 变 得 越来越 猛，**

huǒshì biàn de yuèláiyuè měng,

**船 和 阵地 都 被 烧 光 了。**

chuán hé zhèndì dōu bèi shāo guāng le.

**这 就 是 历史 上 著名 的 赤壁之战。**

Zhè jiù shi lìshǐ shàng zhùmíng de Chìbìzhīzhàn.

〔生词〕

▷**四面** sìmiàn 名 四方。周り。

▷**变成** biànchéng 動 ～に変わる。

▷**火海** huǒhǎi 名 火の海。

▷**一** yī 助 さっと。動作や現象が瞬時に起こることを表す。

▷**起** qǐ 動 起こる。発生する。

▷**火势** huǒshì 名 火の勢い。

▷**变** biàn 動 変わる。変化する。

▷**得** de 助 動詞・形容詞の後ろに置かれ、その動詞・形容詞の状態を説明する後ろの部分との言葉を繋ぐ役目をする。

▷**越来越** yuèláiyuè 副 ますます（～になる）。

▷**猛** měng 形 激しい。猛烈である。

▷**阵地** zhèndì 名 陣地。

▷**被** bèi 助 ～される。

▷**光** guāng 形 動詞の後ろにつけ、その動作の結果、何も残っていないことを表す。何もない。

▷**历史** lìshǐ 名 歴史。

▷**上** shàng 方 うえ。

▷**著名** zhùmíng 形 著名である。名高い。

▷**赤壁之战** Chìbìzhīzhàn 名 赤壁の戦い。

第十二課

## ここを押さえよう! 学習のポイント

### 1 結果補語

中国語はさまざまな動作を表現する際に、動詞の後ろに補語をつけて表すことがあります。補語にはいくつか種類がありますが、ここでは、「結果補語」について取り上げます。

映画が終わったら、一緒に江陵(こうりょう)へ行きましょう。

× **电影 完了，一起 去 江陵 吧。**

○ **我们 看 完 电影，一起 去 江陵 吧。**

Wǒmen kàn wán diànyǐng,yìqǐ qù Jiānglíng ba.

日本語では、「映画が終わった」だけで通じる場合でも、中国語は、何がどう終わったのかを表す動詞を用いなくてはいけません。

**看** kàn 見る ＋ **完** wán 終わる ＝ 見終わる

“完”は、見たあとの結果を表しています。これを「補語」と言い、このような補語を「結果補語」と呼びます。

よく使われる結果補語は、"完""好""到""见""懂"などです。

以下、いくつかの例を挙げます。

| | | |
|---|---|---|
| 完 wán<br>終わる | 看完 kànwán<br>(見終わる) | 吃完 chīwán<br>(食べ終わる) |
| 好 hǎo<br>ちゃんと | 做好 zuòhǎo<br>(ちゃんとする) | 吃好 chīhǎo<br>(ちゃんと食べる) |
| 到 dào<br>達成する | 听到 tīngdào<br>(聞こえる) | 收到 shōudào<br>(受け取る) |
| 见 jiàn<br>認識する | 看见 kànjiàn<br>(見える) | 听见 tīngjiàn<br>(聞こえる) |
| 懂 dǒng<br>理解する | 听懂 tīngdǒng<br>(聞いて分かる) | 看懂 kàndǒng<br>(見て分かる) |

## 2 可能補語

動詞と補語の間に、"得"と"不"を入れることにより、その動作が可能か不可能かを表します。これを可能補語と呼びます。

本課[**場面1**]の曹操の言葉、"看得见旗子吗?"がそうです。

**听 懂**(聞いて分かる)　tīng dǒng　**結果補語**

**听 得 懂**(聞いて分かる)　tīng de dǒng　**可能補語〔肯定〕**

**听 不 懂**(聞いて分からない)　tīng bu dǒng　**可能補語〔否定〕**

第十二課

## 3 “被”の受け身文

中国語の受け身の文は、“被” bèiを使います。ただし、日本語で「～られた」となっている文をすべて“被”で表現する必要はありません。また、以下の2つの文のように、特に不愉快ではない文には用いません。

火薬はすでに整え**られた**。（火薬はすでに整った）
**火药 已经 准备 好 了。**
Huǒyào yǐjing zhúnbèi hǎo le.

風が吹くと、周瑜の心は幸せな気持ちで満た**された**。
**风 一 吹，周瑜 的 心 充满 了 幸福。**
Fēng yī chuī,Zhōuyú de xīn chōngmǎn le xìngfú.

“被”は、ほとんどが不愉快な場合に使われます。

彼の赤兎馬(せきとば)が盗まれた。
**他 的 赤兔马 被 偷 了。**
Tā de Chìtùmǎ bèi tōu le.

兵士は張飛(ちょうひ)に怒鳴られた。
**兵士 被 张飞 骂 了。**
Bīngshì bèi Zhāngfēi mà le.

“被”のある文では、動詞には必ず補語や助詞の“了”が必要です。

樊城(はんじょう)が関羽(かんう)に取られた。
**樊城 被 关云长 攻占 了。** Fánchéng bèi Guānyúncháng gōngzhàn le.

徐庶(じょしょ)の母は曹操に捕らえられた。
**徐庶 的 妈妈 被 曹操 抓住 了。** Xúshù de māma bèi Cáocāo zhuāzhù le.

ただし、日常的にあるいは、習慣的にいつも行われている、いつもされていることであれば、動詞をそのまま使うことができます。

諸葛瑾(しょかつきん)はいつも人に騙(だま)される。
**诸葛瑾 经常 被 人 骗。** Zhūgějǐn jīngcháng bèi rén piàn.

## すぐに使える中国語!

相手に好きな色をたずねてみよう!

**你 喜欢 什么 颜色?** Nǐ xǐhuan shénme yánsè? 何色が好きですか?

**我 喜欢 ○○。** Wǒ xǐhuan ○○. ○○色が好きです。

あお **蓝色** lánsè

あか **红色** hóngsè

みどり **绿色** lǜsè

きいろ **黄色** huángsè

しろ **白色** báisè

クリーム色 **奶油色** nǎiyóusè

みず色 **天蓝色** tiānlánsè

ピンク **粉色** fěnsè

ねずみ色 **灰色** huīsè

金色 **金黄色** jīnhuángsè

くろ **黑色** hēisè

オレンジ色 **橘黄色** júhuángsè
**橙色** chéngsè

孙策: **您 喜欢 什么 颜色?**
Sūncè: Nín xǐhuan shénme yánsè?

袁术: **我 喜欢 金黄色!**
Yuánshù: Wǒ xǐhuan jīnhuángsè.

## やってみよう！今日の復習

**1.〔　　〕の中の単語を並び替え、中国語を完成させましょう。**

①周瑜には呉軍の歓声が聞こえた。［歓声：欢呼声 huānhūshēng］
**〔到　的　吴军　欢呼声　了　周瑜　听〕**

②温州みかんはもう左慈に食べられてしまいました。
［温州：温州 Wēnzhōu］［みかん：柑子 gānzi］［左慈：左慈 Zuǒcí］
**〔完　左慈　温州　已经　柑子　吃　了　被〕**

③どれが黄蓋の船ですか？［艘 sōu：船を数える量詞］
**〔的　船　是　艘　黄盖　哪〕**

**2. 次の質問に中国語で答えましょう。**

**①你 今天 晚上 想 吃 中国菜 还是 日本菜？**

**②白龙 是 不 是 黑色？**

**③你 觉得 三分天下之计 是 好方法 吗？**［好方法 hǎofāngfǎ：よい方法］

# 旗の重要性

近代以前の戦いでは、兵士に将軍の意図を伝えるために、太鼓（進む）と鐘（退く）という音のほか、旗を用いて様々な情報を伝達していた。組織的な集団戦において、兵士がそれぞれ勝手な行動をとれば、戦闘そのものが成立しなくなるためである。

たとえば、曹操は次のような「歩戦令」を発している。

> 一番太鼓が鳴ったら、歩兵と騎兵はともに装備を整える。二番太鼓で騎兵は馬に乗り、歩兵は隊列をつくる。三番太鼓で順次出発する。……早打ちの太鼓を聞いたときは、陣を整える。斥候は地形をよく観察したうえで、標識を立てて適切な陣形を定める準備をする。戦場では騒がしくせず、よく太鼓の音を聞き、合図の旗が前を指せば前進し、後ろを指せば後退し、左を指せば左、右を指せば右に進む。命令を聞かず、勝手に行動するものは斬る。

曹操の軍令は、『孫子』に基づいている。そこでは太鼓により耳から、そして会図の旗により、軍を前後左右に動かしていることが分かるのである。

うん……
あれは曹操ではないか
黄
生け捕れ


第十二課

## 跋

# 三国鼎立

# 1 劉備の入蜀

赤壁の戦いで曹操を破った主力は呉であったが、荊州を領有することはできなかった。それは、諸葛亮に出し抜かれ続けた周瑜が、矢傷を悪化させ、憤死したためである。天を仰いだ周瑜は、「わたしをこの世に生まれさせながら、どうしてまた諸葛亮を生まれさせたのか」と、絶叫して絶命した。時に三十六歳、建安十五(二一〇)年の冬であった。

一方、劉備は「白眉」馬良の勧めにより、荊州南部の四郡を領有した。また、孫権が妹と劉備の婚姻を装い、劉備を捕らえようとした際には、諸葛亮の命を受けた趙雲の活躍により、妹を娶ったうえで呉より脱出、「天下三分の計」に基づき、益州の領有を目指す準備は整った。

我が主君の命によりお迎えに参りました拙者は孟達と申します
そうかご苦労である
それではご案内いたします
うむ

建安十六(二一一)年、益州牧の劉璋から劉備に出兵の要請があり、劉備は龐統を軍師に、黄忠・魏延を先鋒として、入蜀を開始した。劉璋側の抵抗も強く、落鳳坡で龐統が張任に射殺されると劉備は孤立する。荊州を関羽に任せた諸葛亮は、張飛・趙雲を率いて、劉備の援軍に向かう。建安十九(二一四)年、劉備は、蜀の支配者となり、ここに「天下三分の計」の第一段階が実現した。

# 2 荊州争奪

荊州を任された関羽は、劉備が蜀を取り、さらに漢中に向かうと、それに呼応すべく、樊城の曹仁を攻めた。曹操は、于禁と龐徳の二人を曹仁の援軍に派遣した。于禁を捕らえ、龐徳を斬ったことで、関羽の威名は天下に轟き、曹操は許都を遷都することを群臣に図った。司馬懿は、呉に使者を派遣して、関羽の背後を討たせるように進言した。呉では、親劉備派の魯粛が死去し、荊州の軍事は呂蒙に任されていた。

呂蒙は、関羽を油断させるため、辞職して建業に帰り、後任に陸遜を推薦した。陸遜は就任すると、関羽に対してへりくだった手紙を送って諂った。傲慢な関羽は、下手に出られ油断して、江陵の守備兵の大半を樊城の攻撃に向かわせた。これを知った孫権は、直ちに呂蒙を大都督に任命して、江東の全軍を率いて関羽を討伐させた。

関羽は荊州を失ったことをしばらく知らなかった。それほどまでに、呂蒙は関羽の連絡網を寸断し、支配下の荊州の人々の支持を獲得していた。このため関羽は、江陵から増強した兵力によって、曹仁の立て籠もる樊城を攻め続けていたが、曹操は徐晃を救援に派遣した。徐晃と曹仁に挟み撃ちにされた関羽軍は、大混乱に陥り、関羽は馬に乗ると、諸将を率いて荊州に逃れようとした。ようやくそこに早馬がやって来て、荊州が呂蒙に奪われたことを伝える。関羽は麦城に逃れたが、やがて孫権軍に捕らえられ首を斬られた。孫権は、関羽の首を曹操に送る。

やれっ
はっ
ズビュッ
関羽の首は打たれた
関羽この時五十八歳であった

## 3 蜀の建国

曹操は、王侯の礼により、関羽を葬ってからも、眠ろうとすると関羽の姿が現れる。体調は悪化し、名医の華佗を呼び寄せた。しかし華佗が、頭を切開する手術を勧めると、自分を殺そうとする企みかと疑い、拷問し獄死させた。やがて曹操は寿命を悟り司馬懿らに、寵愛していた曹植は軽薄で誠実さに欠けるので、温厚篤実な曹丕を後継者として輔佐して欲しい、と伝えた。享年六十六歳。時に建安二十五(二二〇)年の正月のことであった。

建安二十五年、魏王についた曹丕は、帝位を譲るよう、華歆らに献帝を脅させた。武装の兵士に取り囲まれた献帝は、ついに禅譲の詔書を下す。曹丕は心にもない辞退を二度繰り返し、三度目に禅譲を受けて皇帝の位に就いた。後漢の滅亡、魏の建国である。

成都には、曹丕が魏を建国した際、献

ここに蜀の皇帝を天下に宣した

帝を弑殺したとの情報が伝わった。劉備はこれを聞くと一日中、激しく慟哭して官僚全員を喪に服させ、はるか北方を望み見ながら、献帝の霊魂を祭り、孝愍皇帝という諡を捧げた。これまでも劉備は、漢中王として漢の復興を唱えてきたが、諸葛亮は帝位に即くことを勧める。建安二十六(二二一)年、劉備は、皇帝の位に即いて、漢を建国、元号を章武と定めた。劉備の建国した蜀(本来は漢であることを示すため蜀漢と称する)は、曹魏による後漢の簒奪を認めないことに存立意義を置く国家であった。

## 4 遺孤を託す

漢室の復興という志を遂げても、劉備の心は晴れなかった。関羽の仇討ちを諸葛亮に止められていたからである。そこに、閬中から張飛がやってくる。張飛は劉備の足に縋り付いて泣き、桃園の誓いを持ち出して関羽の仇討ちを迫った。劉備はその場で東征を決断する。喜び勇んで閬中に戻った張飛を悲劇が襲う。

関羽に続いて、張飛までを失い、劉備の心は昂るばかりである。遺児の関興・張苞を連れ、呉に向かって破竹の進撃を始める。呉は魏に使者を送って臣従し、曹丕から呉王に封建される。もとより、魏はどちらか一方が滅んだあとで、残りの一国を滅ぼすという戦略を立てていた。

呉では、相次ぐ敗戦のなか、闞沢の推薦により陸遜が大都督となる。陸遜はよく諸将の不満を抑えて持久戦へと持ち込む。やがて劉備は、国境の巫口から猇亭にかけて、長江沿いの山林に延々と七百里に及ぶ陣を敷く。劉備の戦法を心配して意見を求めに来た馬良から布陣を聞いた諸葛亮は、「漢の運命もこれまでか」と嘆息し、敗北を予言、それは的中する。呉はこののち魏から自立し、やがて国家を立てる。三国鼎立である。

白帝城で病が篤くなった劉備は成都から諸葛亮を呼び寄せる。劉備は諸葛亮に、「君の才は曹丕の十倍はある。きっと国家を安らかにし、大事を定めることができよう。もし劉禅が輔佐するに足るなら輔佐して欲しい。その器でなければ君自らが成都の主となるがよい」と遺命を伝える。諸葛亮は「わたしは肝脳を血に塗れさせても、ご恩に報いることはできません」と答え、五丈原で陣没するまで、劉備への忠義を貫くのである。

跋

# 単語表（単語の右端の数字は単語の初出課数）

## A

啊 感 ā⇨8
哎呀 感 āiyā⇨5

## B

吧 助 ba⇨4
败 動 bài⇨7
办法 感 bànfǎ⇨6
帮忙 動 bāngmáng⇨10
被 助 bèi⇨12
北方 名 běifāng⇨7
比较 副 bǐjiào⇨7
变 動 biàn⇨12
变成 動 biànchéng⇨12
别 副 bié⇨5
病人 名 bìngrén⇨7
兵士 名 bīngshì⇨5
不敢 助動 bùgǎn⇨11
不要 動 búyào⇨7
不行 形 bùxíng⇨12

## C

才能 名 cáinéng⇨11
曹洪 名 Cáohóng⇨5
曹军 名 Cáojūn⇨7
长坂坡 名 Chángbǎnpō⇨5
常山 名 Chángshān⇨5
撤 動 chè⇨12
成功 動 chénggōng⇨8
吃 動 chī⇨8
赤壁之战 名 Chìbìzhīzhàn⇨12
船 名 chuán⇨9

## D

打 動 dǎ⇨10
大功臣 名 dàgōngchén⇨10
大乔 名 Dàqiáo⇨6
带 動 dài⇨6
担心 動 dānxīn⇨7
当然 副 dāngrán⇨10
到 前 dào⇨5
到时候 慣用語 dàoshíhou⇨9
的 助 de⇨4
得 助 de⇨12
等 動 děng⇨8
敌军 名 díjūn⇨7
弟弟 名 dìdi⇨4
点 名 diǎn⇨5
点儿 量 diǎnr⇨5
都 副 dōu⇨4
都督 名 dūdu⇨8
对 形 duì⇨4
多 形 duō⇨7

## E

欸 感 ēi⇨5
而且 接 érqiě⇨7
儿子 名 érzi⇨6

## F

非常 副 fēicháng⇨7
封 量 fēng⇨8
父亲 名 fùqin⇨6

## M

吗 助 ma⇨4
麻烦 動 máfan⇨10
茅庐 名 máolú⇨4
没 動 méi⇨6
没有 動 méiyǒu⇨6
猛 形 měng⇨12
明白 動 míngbái⇨8
名字 名 míngzi⇨5
谋略 名 móulüè⇨6

## N

哪里 常套語 nǎli⇨10
那 代 nà⇨4
那么 接 nàme⇨10
嗯 感 ńg⇨8
能 助動 néng⇨7
你 代 nǐ⇨4
你好 nǐhǎo⇨4
你们 代 nǐmen⇨4
您 代 nín⇨4
您好 nínhǎo⇨4

## O

噢 感 ō⇨6

## P

庞统 名 Pángtǒng⇨10

## Q

妻子 名 qīzi⇨6
奇怪 形 qíguài⇨12
奇门遁甲 名 qíméndùnjiǎ⇨11
旗子 名 qízi⇨12
起 動 qǐ⇨12
起来 動 qǐlái⇨11
强大 形 qiángdà⇨7
桥 名 qiáo⇨5
乔国老 名 Qiáoguólǎo⇨6
请 動 qǐng⇨10
取 動 qǔ⇨9
取得 動 qǔdé⇨11
取胜 動 qǔshèng⇨7
去 動 qù⇨5
全部 名 quánbù⇨10
确实 副 quèshí⇨12

## R

认识 動 rènshi⇨10

## S

三点 名 sāndiǎn⇨5
三天 名 sāntiān⇨9
杀 動 shā⇨10
伤 名 shāng⇨10
上 動 shàng⇨9
上 方 shàng⇨12
烧 動 shāo⇨5
稍 副 shāo⇨8
少 形 shǎo⇨9

## T



## W



## X



## Y

# Z

在 動 zài⇨8
早饭 名 zǎofàn⇨8
早上 名 zǎoshang⇨8
造 動 zào⇨9
怎么样 疑 zěnmeyàng⇨10
战 動 zhàn⇨7
张飞 名 Zhāngfēi⇨4
张昭 名 Zhāngzhāo⇨10
找 動 zhǎo⇨6
这 代 zhè⇨4
真的 副 zhēnde⇨9
阵地 名 zhèndì⇨12
这儿 名 zhèr⇨8
支 量 zhī⇨9
知道 動 zhīdao⇨5
之内 方 zhīnèi⇨9
只 副 zhǐ⇨6
种 量 zhǒng⇨6
周瑜 名 Zhōuyú⇨6
诸葛均 名 Zhūgějūn⇨4
诸葛亮 名 Zhūgěliàng⇨4
著名 形 zhùmíng⇨12
走 動 zǒu⇨4
昨天 名 zuótiān⇨8
坐 動 zuò⇨9

# ◈中国語音節表

| | 母音 | 1 | 2 | 3 | 4 | 5 | 6 | 7 | 8 | 9 | 10 | 11 | 12 | 13 | 14 | 15 | 16 | 17 | 18 |
|---|---|---|---|---|---|---|---|---|---|---|---|---|---|---|---|---|---|---|---|
| | | a | o | e | er | ai | ei | ao | ou | an | en | ang | eng | ong | i [ɿ] | i [ʅ] | i [i] | ia | iao |
| 子音 | | a | o | e | er | ai | ei | ao | ou | an | en | ang | eng | ong | | | yi | ya | yao |
| 1 | b | ba | bo | | | bai | bei | bao | | ban | ben | bang | beng | | | | bi | | biao |
| 2 | p | pa | po | | | pai | pei | pao | pou | pan | pen | pang | peng | | | | pi | | piao |
| 3 | m | ma | mo | me | | mai | mei | mao | mou | man | men | mang | meng | | | | mi | | miao |
| 4 | f | fa | fo | | | | fei | | fou | fan | fen | fang | feng | | | | | | |
| 5 | d | da | | de | | dai | dei | dao | dou | dan | den | dang | deng | dong | | | di | | diao |
| 6 | t | ta | | te | | tai | | tao | tou | tan | | tang | teng | tong | | | ti | | tiao |
| 7 | n | na | | ne | | nai | nei | nao | nou | nan | nen | nang | neng | nong | | | ni | | niao |
| 8 | l | la | lo | le | | lai | lei | lao | lou | lan | | lang | leng | long | | | li | lia | liao |
| 9 | g | ga | | ge | | gai | gei | gao | gou | gan | gen | gang | geng | gong | | | | | |
| 10 | k | ka | | ke | | kai | kei | kao | kou | kan | ken | kang | keng | kong | | | | | |
| 11 | h | ha | | he | | hai | hei | hao | hou | han | hen | hang | heng | hong | | | | | |
| 12 | j | | | | | | | | | | | | | | | | ji | jia | jiao |
| 13 | q | | | | | | | | | | | | | | | | qi | qia | qiao |
| 14 | x | | | | | | | | | | | | | | | | xi | xia | xiao |
| 15 | zh | zha | | zhe | | zhai | zhei | zhao | zhou | zhan | zhen | zhang | zheng | zhong | | zhi | | | |
| 16 | ch | cha | | che | | chai | | chao | chou | chan | chen | chang | cheng | chong | | chi | | | |
| 17 | sh | sha | | she | | shai | shei | shao | shou | shan | shen | shang | sheng | | | shi | | | |
| 18 | r | | | re | | | | rao | rou | ran | ren | rang | reng | rong | | ri | | | |
| 19 | z | za | | ze | | zai | zei | zao | zou | zan | zen | zang | zeng | zong | zi | | | | |
| 20 | c | ca | | ce | | cai | | cao | cou | can | cen | cang | ceng | cong | ci | | | | |
| 21 | s | sa | | se | | sai | | sao | sou | san | sen | sang | seng | song | si | | | | |

**注意**……i・u・üは前に子音がつかないときは表記法が変わる。
j・q・xの後ろのüはuと表記する。前に子音がつくとき、iou→iu、uei→ui、uen→unと表記する。